KB100133

가톨릭대학교 글로컬문화스토리텔링 연구총서 4

문화와 문화 콘텐츠

글로컬문화스토리텔링 연구총서 4

문화와 문화 콘텐츠

초판인쇄 2017년 12월 15일 **초판발행** 2017년 12월 20일

엮은이 가톨릭대학교 글로컬문화스토리텔링연구소 **펴낸이** 박성모 **펴낸곳** 소명출판 **출판등록** 제13-522호

주소 서울시 서초구 서초중앙로6길 15, 1층

전화 02-585-7840 **팩스** 02-585-7848 **전자우편** somyungbooks@daum.net **홈페이지** www.somyong.co.kr

값 13,000원   ⓒ 가톨릭대학교 글로컬문화스토리텔링연구소, 2017

ISBN 979-11-5905-243-9 94680
ISBN 979-11-5905-130-2 (세트)

이 저서는 2017년 정부(교육부)의 재원으로 '대학인문역량강화사업(CORE)'의 지원을 받아 제작되었음.

문화와
문화 콘텐츠

CULTURE AND CULTURE CONTENTS

가톨릭대학교 글로컬문화스토리텔링연구소 엮음

가톨릭대학교 글로컬문화스토리텔링 연구총서 4

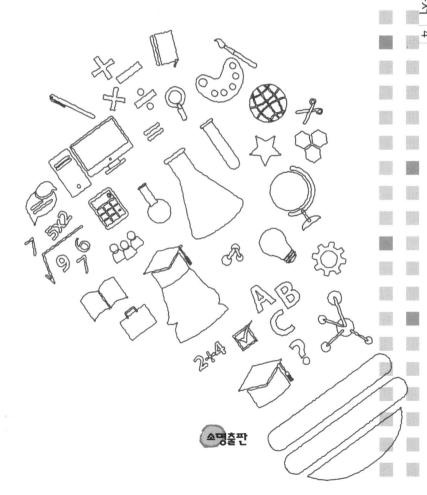

소명출판

서문

물고기는 물을 의식하지 않고 헤엄치며, 새는 공기를 개의치 않고 날아다 닌다. 이와 마찬가지로 인간은 군이 자기 삶의 익숙한 방식을 회의할 필요 없이 그저 관습에 따라 살아가곤 한다. 그 자체로 이미 충분히 자연스럽기 때문이다. 하지만 그러한 삶을 고수해 나가기에는 상황이 많이 달라진 듯하 다. 이유는 대략 두 가지로 꼽을 수 있다. 첫째, 기술이 발전함에 따라 삶의 방식은 짧은 시간 사이에 급격한 변화를 겪고 있으며, 그로 인해 문화의 지 속성을 기대하기가 어려워졌다. 둘째, 교통·통신의 발달로 세계는 한층 가 까워졌으며, 그러다 보니 어느 한 지역의 문화적 고유성보다는 문화 혼종 양상에 주목해야 할 필요성이 대두하였다.

이러한 양상에 주목하여 출현한 것이 '문화 콘텐츠'다. 2010년대 후반으 로 치닫는 현재 이미 익숙해진 용어가 바로 문화 콘텐츠이지만, 기실 그 개 념이 학자들 사이에서 완전히 합의된 것으로 보이지는 않는다. 예컨대 대표 적인 사례 두 가지만 꼽는다면, 한국행정연구원에서는 '문화유산, 생활양 식, 창의적 아이디어, 가치관 등 문화적 요소들이 창의력과 상상력을 원천 으로 체화되어 경제적 가치를 창출하는 문화상품'이라고 파악하고 있으며, 백승국은 '문화기호들의 연쇄적 조합이 창출된 결과물로, 커뮤니케이션의 다양한 채널을 통해 상업화될 수 있는 재화'라고 규정하고 있다. 강조점이 다르기는 하지만, 문화를 재가공하여 이윤 창출의 원천으로 삼겠다는 관점 은 두 입장의 공통분모라고 할 수 있다.

흔히 인문학의 범주를 통해 인간 존재와 행위에 대한 의미 탐구가 이루어진다고 하는데, 인문학 역시 현실에 발을 딛고 있는 이상 인간 조건의 변화 양상을 충분히 숙고할 수 있어야 할 것이다. 가톨릭대학교 글로컬문화스토리텔링연구소가 연구총서 네 번째 기획을 『문화와 문화 콘텐츠』로 펴내는 까닭이 여기에 있다. 그렇지만 여기 참여하고 있는 연구자들이 인문학에 기반을 두고 있는 만큼 담고 있는 내용이 이윤 창출 방향으로 나아가고 있는 것은 아니다. 그보다는 오히려 문화 콘텐츠 개발을 둘러싼 근거 및 의미 탐색의 측면이 강하다고 봐야 하겠다. 상투적인 표현에 기댄다면, 학자는 고기를 잡아주는 자가 아니라 고기 잡는 법을 가르쳐야 하는 자이겠기에, 문화 콘텐츠를 둘러싼 대체적인 관점과 다소 거리를 두고 있는 이 책의 면모는 그래도 오히려 장점이 될 수 있으리라고 자부해 본다.

구성은 크게 두 갈래라고 할 수 있다. 한 축은 대한민국의 역사 흐름 속에서 빚어진 문화원형과 닿아 있으며, 다른 한 축은 디지털 애니메이션·게임·영화 등 현대사회의 새로운 매체 분석과 관련된다. 옥고를 보내주신 선생님들께 고마움을 전하며, 모쪼록 이 책의 발간이 문화 콘텐츠 연구 내실화에 기여하는 바가 있기를 바란다.

가톨릭대학교 글로컬문화스토리텔링연구소 편집부장 홍 기 돈

차례

문화 콘텐츠 창작소재와 문화원형

송성욱

1. 문제제기

한국문화 콘텐츠 분야에서 문화원형이 거론되기 시작한 지 상당한 시간이 경과했다. 산업계 및 유관 학계의 요구가 반영된 탓도 있었겠지만 무엇보다 정부 즉 문화관광부, 한국문화콘텐츠진흥원이 주도적인 역할을 했다. 따라서 문화 콘텐츠 분야에서의 문화원형은 다분히 특정 사업적인 성격을 지니고 출발하였으며, 이 관점은 지금도 유효하다. 정확하게 말하자면 이 사업의 명칭은 "우리 문화원형의 디지털콘텐츠화 사업"이며, 현재까지 상당한 양의 문화원형 콘텐츠가 개발되었다.

이 사업을 두고 긍정적이건 부정적이건, 혹은 공식적이건 비공식적이건 여러 방면에서 평가가 있었던 것도 사실이다. 사업의 결과에 대해 필자도 나름대로의 의견이 있지만 아직 진행 중인 사업을 두고 사견을 말하고 싶지는 않다. 한 가지 분명한 점은 문화원형, 전통문화 등에 대한 산업계의 관심, 인문학을 중심으로 한 학계의 실용주의적 움직임 등을 유발시켰다는 점에서 나름대로의 성과가 있었다는 것이다. 그러나 모처럼 좋은 취지를 가지고 시행된 이 사업이 대중들에게 널리 알려지지 않았다는 점, 공론의 장이 활성화되지 않았다는 점은 아쉽다.

이 글에서는 이와 관련하여 문화 콘텐츠 창작소재와 문화원형과의 관련성에 대해서 논해보고자 한다. 창작소재가 무엇이며 문화원형이 무엇인지에 대한 근본적인 개념을 따지는 일은 복잡하다.

문화원형만 하더라도 문화와 원형이 복합된 개념이다. 문화는 문화대로 따질 것이 많고, 원형은 원형대로 따질 것이 많다. 이것을 밝히는 것이 이 글의 목적은 아니다. 또 그것은 필자의 능력 밖의 일이며, 지금 단계에서 그다지 생산적인 일이 아닐지도 모른다.

창작 소재에 대한 논의 역시 불가능해 보일 수도 있다. 구현된 작품이 전통적인 예술 작품이건 문화산업의 상품이건 원천 소재는 특정 개인의 창의력과 상상력 속에서 발굴된다. 그리고 이 원천 소재는 세상에 존재하는 유, 무형의 모든 것을 대상으로 한다. 따라서 창작 소재는 매우 포괄적이며, 지극히 개인적인 영역에 머물러 있기 때문에 논리적인 논의가 불가능할뿐더러 설사 논의한다고 하더라도 그 결과가 무용할 수 있다.

그런데 창작소재에 관한한 문화 콘텐츠, 문화산업 분야는 사정이 좀 다르다. 각 나라에 따라서, 각 시기에 따라서 경쟁력 있는 특정 창작 소재가 존재한다. 문화산업에서 경쟁력 있는 창작 소재는 체계적인 기획 시스템과 상품 생산 결과에 대한 엄밀한 고려, 제작 과정에서 예측되는 난관 등을 모두 고려하여 취사선택된다. 이로 인해 지천에 널려 있는 것이 소재라고 하지만 문화 산업 각 장르에 부합되며, 실제 창작으로 연계될 수 있는 소재는 제한적이다. 이러한 고려의 결과에서 나온 창작 소재일수록 보다 성공할 확률이 높다고 할 수 있다. 위험을 무릅쓰고 문화 콘텐츠 창작소재를 논의하는 이유가 바로 여기에 있다.

2. 문화 콘텐츠의 문화적 위상

　문화 콘텐츠를 한마디로 정의하기란 쉽지 않다. 용어의 발생 토대가 산업적 영역과 맞물려 있기 때문에 정의를 내린다고 해도 엄밀하지도 않다. 범박하게 말하자면 경제적 고부가가치를 수반하는 어떤 문화 상품의 한 부류라고 할 수 있을 것이다. 이것을 문화상품이라고 하지 않고 군이 콘텐츠라는 말을 붙여 문화 콘텐츠라고 하는 것은 현대의 문화 상품이 미디어와 필수불가결한 관계를 유지하고 있기 때문이다. 용인의 민속촌이나 전통적인 박물관, 관광 상품 등과 같이 미디어기술이 수반되지 않은 문화상품도 얼마든지 존재할 수 있겠지만 고부가가치의 주역은 애니메이션, 출판만화, 영화, 게임, 방송과 같은 미디어 기술 기반 상품이라는 것이다. 그렇다면 문화 콘텐츠라는 것은 문화로 대변되는 정신적 가치와 문화적 의미에 미디어기술이 복합된 형태의 문화상품이라고 지칭할 수 있다.[1]

　매년 나오는 세계 문화산업 통계를 보면 영화, 만화, 방송, 게임, 애

1　여기에 대해서는 김기덕, 「콘텐츠의 개념과 인문콘텐츠」, 『인문콘텐츠』 창간호, 인문콘텐츠학회, 2003에서 상세히 고찰되었다.

니메이션, 출판, 인터넷 및 모바일콘텐츠, 음반, 광고, 캐릭터 등이 주요 장르로 분류된다. 여기에서 거론되는 10대 장르들은 모두 미디어기술을 기반으로 하는 것들이라는 점에서 문화 콘텐츠의 핵심 범주라고 할 수 있을 것이다. 이렇게 본다면 문화 콘텐츠는 포괄적인 의미에서 대중문화의 범주에 속한다고 볼 수 있다.

문화 콘텐츠에 대한 학문적 논의가 활성화되지 못한 이유를 바로 여기에서 찾을 수 있다. 대중문화라는 것은 지나치게 단순하고 유치한 하위문화의 영역으로 치부되기 때문에 거창한 미학이나 논리를 가져와서 설명할 대상이 되지 않는다는 것이다. 게다가 대중문화는 종종 권력구조와 결탁하여 대중을 일종의 최면 상태에 빠뜨리고자 하는 음모에 가담한다는 부정적 견해 역시 무시할 수 없는 사실이다. 다시 말해 대중문화에서 경험하는 즐거움은 고급문화의 그것과 비교할 때 진솔한 것이 못되는 허위적인 것으로 대중을 착취와 억압의 영원한 현상 속에 감금하기 위해서 효과적으로 대중을 조작하는 속임수라는 견해가 여전히 유효하다는 것이다.[2]

그렇다면 문화 콘텐츠를 논의하는 것은 결국 경제적 이익을 목적으로 하는 산업적 논리 속에서만 가능한 것일까? 결론부터 말하자면 그렇지 않다고 생각한다. 지금은 거대한 학문적 울타리를 형성하고 있는 소설만 해도 그것이 중요한 문학 장르로 인식되고 연구된 역사는 사실 얼마 되지 않는다. 굳이 유럽의 예를 들 것도 없이 우리 조선시대 지식인들의 소설관만 보아도 시사점을 찾을 수 있다.

---

2   박명진, 「즐거움, 저항, 이데올로기」, 『사회과학과 정책연구』 13권, 1991.

소설에 세 가지 의혹이 있으니 거짓을 꾸미고 공론을 말하여 귀신과 꿈을 이야기하니 그것을 짓는 것이 한 가지 의혹이요, 허황되고 거짓됨을 돕고 천하고 더러운 것을 고취하니 그것을 평하는 것이 두 가지 의혹이요, 기름과 시간을 허비하고 경전을 거칠고 묵어지게 하니 이것을 보는 것이 세 번째 의혹이다. 그것을 짓는 것도 오히려 불가한데 평을 하는 것은 무슨 마음에서이며, 평하는 것도 불가한데 또 삼국지나 수호전의 속편을 짓는 자도 있으니 더럽고 더럽도다.[3]

조선시대를 대표하는 지식인 이덕무는 소설에 대해서 혹평을 하고 나섰다. 소설을 읽는 것도 짓는 것도 평하는 것도 할 짓이 아니라고 했다. 이것은 조선시대에 소설이 차지했던 문화적 위상을 단적으로 보여주는 견해이다.

실제로 조선시대에서 소설은 고급 독자들의 읽을거리는 아니었다. 일반 대중들 혹은 여성들에게 주로 읽혔고, 소설을 읽고 잘난 척하는 것은 상상도 하지 못할 정도였다. 그런 소설이 지금은 고급문화의 반열에 올라 있다. 설령 고급문화가 아니라고 해도 학문적 연구의 중요한 대상이 되고 있다.

문화 콘텐츠에 대한 지금의 분위기를 조선시대 소설의 문화적 위상과 대비해 보면 어떨까 싶다. 대중문화는 어느 시대를 막론하고 존재했다. 다만 그 존재 형태가 달랐을 뿐이다. 그 대중문화 중에는 시대가 바

---

3 小說有三惑 架虛鑿空 談鬼說夢 作之者一惑也 羽翼浮誕 鼓吹淺陋 評之者二惑也 虛費膏晷 魯莽經典 看之者三惑也 作之猶不可 何心以爲評 評之者不可 又有讀國誌者 讀水滸者 鄙哉鄙哉〈李德懋,「嬰處雜稿」〉

꾸면서 고급문화로 탈바꿈하거나 중요한 연구 대상이 된 것도 많다. 그렇다면 지금의 대중문화인 문화 콘텐츠 역시 그러한 변화의 과정 속에 위치하고 있는 것은 아닌지 모르겠다. 전에는 거들떠보지도 않던, 심지어는 향유 자체가 죄악시되기까지 했던 만화나 애니메이션을 대학에서 지도할 정도다.

아직 문화 콘텐츠는 학문으로 성립하지 않았다. 학문으로 성립할 필요가 없을지도 모른다. 그러나 보다 본격적으로 논의하고 논쟁되어야 할 대상임은 자명하다. 경제적 부가가치라는 산업적 논리가 아니라 미학적, 인식론적 범주 속에서 적극적으로 해석되어야 할 시점이다.

3. 문화 콘텐츠의 제작과정과 창작소재

문화 콘텐츠는 창작 과정 자체가 전통적 예술 장르와는 다르다. 어떤 측면에서 보자면 훨씬 복잡한 제작 단계를 거쳐야 하는 특성을 지니고 있다. 예를 들어 소설과 같은 전통적인 예술 장르에서는 서사적 구조만 고려하면 되지만 만화는 시나리오와 이미지를 동시에 고려해야 되며, 영화나 애니메이션은 시나리오와 이미지 및 동작을 함께 고려해야 한다. 또 게임에서는 시나리오, 이미지, 동작, 인터렉티브를 동시에 고려해야 한다. 어떻게 보면 전통 예술 장르에 속하는 문학, 음악, 미술을 한꺼번에 혼합해 놓은 느낌마저 준다.

문제는 이것만으로 끝나지 않는다. 문화 콘텐츠는 미디어라는 매체적 도구를 통해 표현되고 전달되기 때문에 창작 과정에서 '구현'이라

전통 장르(소설)	만화	애니메이션, 영화	게임
서사(narrative)	시나리오 + 이미지	시나리오+이미지 +동작 음악적 효과	시나리오+이미지+ 동작+인터렉티브 음악적 효과

—이인화, 디지털스토리텔링 창작론 참조[4]

는 단계를 필수적으로 거쳐야 한다. 물론 전통적인 예술에서도 형상화
라는 과정이 있지만 문화 콘텐츠에서의 구현은 이미 형상화되어 있는
것을 매체를 통해 재가공한다는 점에서 뚜렷한 차이가 있다. 예를 들어
고전 음악을 콘텐츠화 한다고 하자. 다양한 방식이 있을 수 있겠지만
가장 근본적이고 의미 있는 콘텐츠화는 음악의 내용을 시각화하는 작
업일 것이다.[5] 작곡한 사람은 어떤 원천 소재를 음악으로 형상화했고,
그것을 듣는 사람은 마음을 통해서 형상화의 내용을 느낀다. 이 형상화
의 내용은 눈에 보이지 않는 무형의 무엇이다. 이 무형의 이미지를 눈
으로 볼 수 있게 만드는 작업이 문화 콘텐츠의 구현 과정이라고 할 수
있다.[6] 이를 도식화하면 〈그림 1〉과 같다.

　이때 매체적 구현의 대상이 시각적으로 이미 형상화되어 있는 것이
라면 별 문제가 되지 않는다. 이 경우는 주어진 기획서나 주어진 시나
리오 혹은 원작에 따라서 구현을 하면 된다. 그러나 대개는 그렇지 않
다. 아무리 충실한 기획이나 사실적 표현을 위주로 한 원작이 있다고

4　이인화 외, 『디지털스토리텔링』, 황금가지, 2003, 17쪽의 내용을 필자가 나름대로 수정해서 제시함.
5　이러한 시도는 월트디즈니의 애니메이션 '판타지아'에서 한 차례 시도된 바가 있다.
6　오케스트라 연주 실황을 중계 방송 등의 방식으로 보여주는 것은 이 경우에 해당하지 않는다. 이
　것은 가장 소극적인 의미에서의 콘텐츠화라고 할 수 있을 것이다.

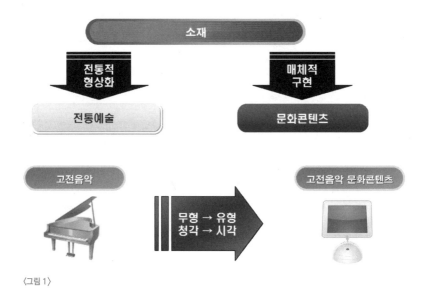

〈그림 1〉

해도 완벽한 구현을 위해서는 별도의 자료가 필요할 수밖에 없다. 가령, 다음 장면을 콘텐츠화 한다고 가정해보자.

원수 몸에 망용대 홍포를 입고 수전포를 껴입고 허리에 통전사 만대를 띠고 머리에 봉시 투구를 썼으며 좌수에 상방참사검을 잡고, 우수에 백옥 산호채를 들었으며, 천리 추풍대완비를 찼으니

이 장면은 전쟁터에 나가는 대장군의 복식을 비교적 잘 묘사한 조선시대 대하소설의 일부분이다. 이 부분을 시각적으로 구현하기 위해서는 '망용대홍포', '수전포', '통전사만대', '봉시투구', '상방참사검' 등에 대한 원형 자료가 있어야 한다.[7]

---

7   혹은 청각적 내용을 재현할 때도 같은 문제가 발생한다. 원 텍스트에 어떤 소리나 악기에 대한 내

따라서 문화 콘텐츠에서는 구현을 위한 별도의 소재가 있어야 한다. 문화 콘텐츠는 한 사람에 의해 창작되는 전통적인 예술과는 다르다. 문화 콘텐츠는 기획을 하는 사람과 구현을 하는 사람이 공동으로 작업을 하는 것이 순리이다.[8]

하나의 창작소재가 기획과 구현 단계에 동시에 적용될 수도 있으며, 경우에 따라서는 구현 단계에서 더 필요한 소재가 있을 수도 있다. 예를 들어 기획 단계에서는 인물의 외양에 대한 대략적인 생각만 있으면 되지만 구현 단계에는 얼굴 윤곽, 옷 모양과 색, 머리 모양과 치장, 장신구 등 별도로 고려해야 할 요소가 있다. 누구도 모양을 알 수 없고, 소리를 알 수 없는 것이라면 구현자나 기획자의 상상력으로 구현하면 되지만 그렇지 않은 경우는 창작을 위한 풍부한 원천 소재를 마련해야 한다. 따라서 문화 콘텐츠 창작소재는 이 두 단계의 고려 사항을 모두 포함해서 다루어야 한다.

그러나 문화 콘텐츠 하위 장르의 특성에 따라 기획단계의 창작소재가 더 중요한 경우도 있으며, 구현단계의 창작소재가 더 중요한 경우도 있을 수 있다. 예를 들어 완성된 시나리오가 일차적으로 중요한 애니메이션의 경우는 기획단계의 창작소재가 '중핵요소'라고 할 수 있으며, 구현단계의 창작소재는 '촉매요소'라고 할 수 있다. 그러나 시나리오보다는 비쥬얼적 측면이 강조되는 게임에서는 구현단계에서 필요한 창작소재가 '중핵요소'이며, 기획단계에서 고려되는 것은 '촉매요소'

용이 있다고 했을 때 이것을 구현하기 위해서는 청각적 대상에 대한 소리 모델이라는 소재가 있어야 한다.

8   따라서 창작이라는 용어보다는 생산이라는 용어가 더 적합할 수도 있다.

라고 할 수 있다.

문화 콘텐츠 창작 소재를 개발하는 사람은 바로 이러한 부분에 대한 고려를 충분히 해야 한다. 가령, 온라인 게임을 제작하기 위한 기획의 과정에서는 세계관이라고 하는 부분을 작성한다. 여기에는 게임 구현을 위해서 필요한 아주 세밀한 부분까지 다 고려된다. 이러한 고려는 게임 분야에만 해당되는 것이 아니라 문화산업 전 장르에 해당된다고 할 수 있다.

4. 창작소재로서의 문화원형

1) 의의

문화 콘텐츠를 포함한 대중문화의 가장 두드러지는 속성 중의 하나는 정형성이다. 월터 J.옹은 필사 시대[9]의 텍스트를 두고 1차적 구술성이라고 하면서, 이 구술성이 미디어의 등장과 함께 다시 재현됨으로써 2차적 구술성의 시대를 맞이하게 되었다고 한다.[10] 구술적 사유의 가장 큰 특징 중의 하나가 정형성이다.

이러한 정형성은 통시적인 현상일 수도 있으며 공시적인 현상일 수도 있다. 특정 시기에 한결같이 공통적으로 문제 삼는 스타일이 있을

---

9   이 필사의 시대에는 텍스트와 텍스트 사이의 베끼기가 창작의 한 관습으로 존재했다. 다시 말해 작품과 작품 사이에 상호텍스트성이 강하게 존재한다는 것이다.

10   월터 J. 옹, 이기우 · 임명진 역, 『구술문화와 문자문화』, 문예출판사, 1995, 195~208쪽 참조.

수 있으며, 오랜 시간을 두고 지속적으로 작용하는 어떤 정형성이 있을 수 있다.

대중문화는 관습화된 수용자의 기대치를 부정하거나 파괴하는 고급 문화와는 달리 그 기대치를 충족시킴으로써 대리만족 혹은 안정을 추구한다. 그렇기 때문에 대중문화는 수용자가 향유물의 진행 결과를 어느 정도 예측할 수 있도록 구성되기 마련이다. 향유자는 암묵적으로 합의된 서사를 공유하고 있기 때문에 대중문화를 향유하면서 결과를 예측할 수 있게 된다.[11] 소번(Thorburn)에 의하면 정형성은 단순한 유행의 차원이 아니라 "사회 구성원에게 공유되는 전통적으로 합의된 서사"[12]라는 의미로 이해된다. 이 합의된 서사는 하루아침에 특정한 개인에 의해서는 결코 만들어질 수 없다. 이것은 오랜 기간에 걸쳐 그 사회의 구성원 공동의 누적적 합의를 통해 만들어진다.

쉽게 싫증날 것 같은 정형적 구조를 지닌 영화나 만화 한 편을 여러 번 보아도 흥미가 있는 이유는 바로 이런 '공동체의 합의' 속에 내재된 기대치를 맛보기 때문이다. 이와 같은 '합의된 서사', '기대치'를 보편적 정서구조라고 할 수 있을 것 같다.[13] 이 정서구조는 가치관이나 이데올로기와 마찬가지로 사회구성원들에 공유되는 사회적 체험이다. 이

---

11 물론 정형성, 합의된 서사는 새로운 것에 대한 욕구를 충족시킬 수 없기 때문에 쉽사리 식상할 수 있다. 그럼에도 불구하고 고전소설이 끊임없이 창작되고 또 독자들을 유혹했던 이유는 정형성이 오히려 독자들에게 소설읽기의 재미를 증가시킬 수 있었기 때문이다. 즉 고전소설이 야기하는 독서의 흥미는 장차 발생할 사건이나 진행 방향을 알려 주지 않고, 또 완전히 새로운 방향으로 소설이 진행되는 것에서 찾아지는 것이 아니라 독자들의 예상을 가능하게 하며 이미 알고 있는 상황을 확인시켜 주는 것에서 찾아진다는 것이다. 물론 이 과정에서 약간의 변화는 독자의 흥미를 배가시킬 수 있다.

12 이종수, 「텔레비전 미학」, 김성재 편, 『매체미학』, 나남출판, 1998, 229쪽.

13 앙(Ang)에 의하면 드라마가 주는 즐거움은 시청자들이 실생활에서 체험하는 정서구조를 그 속에서 확인하는 것에서 온다고 한다. 박명진, 앞의 글 참조.

것은 환경의 변화에 따라 끊임없이 변하겠지만 같은 민족공동체의 보편적 정서구조 또한 무시할 수 없는 부분이다.

그렇지만 지속되는 정서구조 외에 환경에 따라 변하는 정서구조 또한 결코 무시할 수 없는 부분이다. 그것이 바로 대중문화의 개성을 창조하는 핵심 요인이며, 향유자들이 실제로 가장 큰 반응을 보이는 부분이기도 하기 때문이다. 따라서 가장 좋은 문화 콘텐츠는 누구나 합의할 수 있는 공동체의 정서구조를 파악하고, 여기에 그 시대의 트렌드란 옷을 입히는 것이라고 할 수 있다.

문화 콘텐츠의 창작소재로서 문화원형이 가치 있는 일차적인 이유가 바로 여기에 있다. 문화원형은 대체로 다음과 같은 성격을 지닌다고 볼 수 있다.

- ○ 국가 혹은 민족의 구성원이 의식적, 무의식적으로 공유하거나 공감하고 있는 물질적, 정신적 원형임.
- ○ 그러한 공유가 발생하기 위해서는 공시적 합의와 통시적 합의가 동시에 전제되어야 하는 만큼 오랫동안 지속적으로 전승되거나 존재해온 요소임.
- ○ 여기에는 문화유산(유물), 문화관습, 설화에서 발견되는 공유서사 등이 포함됨.
- ○ 공유되는 성격으로서의 원형의 적용 범위는 국가, 민족을 기반으로 하지만 넓게는 세계 전체에 적용될 수 있으며 좁게는 한 마을이나 특정 공동체에만 적용될 수도 있음.
- ○ 예를 들어 콩쥐팥쥐 유형의 설화는 한민족의 서사 원형이지만 서구의 신데렐라 서사 원형과 기반을 같이 때문에 세계적 보편성을 지닌 원형이라

고 할 수 있음.

이러한 문화 원형에 기반을 둔 문화 콘텐츠는 개발자의 자의적인 기준이나 경험치에 의해서 결정되었을 때 발생하는 문제점을 극복할 수 있는 장점을 지닌다. 개인의 주관적 느낌이 오랜 시간 누적된, 공통의 합의에 의해서 암묵적으로 형성된 보편적 정서구조인 것처럼 보이는 경우가 흔히 있다. 이것은 논리학적으로 말하자면 일반화의 오류이다. 창작소재로서의 문화원형은 바로 이러한 오류를 최소화시킬 수 있다는 것이다.[14]

2) 개발 방향

물론 성공한 문화 콘텐츠는 그것이 문화원형을 표방하지 않았더라도 혹은 제작자가 그것을 의식하지 않았더라도 그 속에는 원형적 요소가 잠재되어 있다고 볼 수 있다. 극단적으로 말한다면 세상에 존재하는 모든 문화의 근원은 원형과 맞닿아 있다.

그러나 여기에서 말하고자 하는 것은 이런 환원주의적 원형론은 아니다. 가치 있고 경쟁력 있는 문화 콘텐츠를 개발하기 위해서는 문화원형에 대한 의식적이고 체계적인 개발이 필요하다는 것이다.

이와 관련하여 가장 중요하게 고려해야 할 요소는 문화원형 소재의 보편성과 특수성이다. 현재 우리가 찾고 있는 문화원형 창작소재는 구

---

14   또한 문화 원형은 복잡한 가치 사슬을 고려하지 않아도 그 자체로 민족적 가치와 의미를 지니는 만큼 문화 콘텐츠가 지니기 쉬운 소비지향성을 극복할 수 있다.

스타프 융이나 미르시아 엘리아데 식의 원형론적 소재는 아니다. 차라리 우리 문화를 뒷받침하고 전통적 문화 자원이라고 하는 것이 더 솔직할 수 있다. 그렇기 때문에 개발하고자 하는 소재의 성격이 다소 특수할 수 있다.

예를 들어 조선시대 과학수사라 할 수 있는 〈검안〉 이야기 같은 것은 일반인들에게는 너무나도 생소할 뿐더러 학계에서 본격적인 이루어지지 않았던 소재이다. 특수하기 때문에 호기심을 끌 수 있다. 호기심을 끌 수 있다면 우선 소재로 거론할 수 있을 것이다.

그러나 특수성만으로 끝난다면 그것이 지니는 소재적 가치는 현격하게 줄어들 수 있다. 위에서도 언급했듯이 문화 콘텐츠는 보편성을 생명으로 하기 때문이다. 그런데 〈검안〉은 특수한 소재이지만 과학 수사 혹은 탐정 이야기라는 점에는 보편성을 획득한다. 따라서 이 소재는 특수성과 보편성을 다 갖추었다고 볼 수 있다. 문화원형 소재가 성공을 거두기 위해서는 바로 이와 같은 보편성과 특수성을 교묘하게 결합하고 있어야 한다.

이 문제는 문화 콘텐츠의 세계적 경쟁력과도 연관이 된다. 문화 콘텐츠는 자국민을 대상으로 하면서도 동시에 세계 전체를 수요 대상으로 해야 한다. 세계를 지배하는 문화 콘텐츠를 곰곰이 분석해보면 하나같이 해당 문명권의 근본적 속성을 강하게 지니고 있다. 세계적으로 성공한 콘텐츠라 할 수 있는 〈반지의 제왕〉은 북유럽의 신화를 기반으로 한 소설이자 영화이며, 중국 영화 〈와호장룡〉은 중국의 대표적 문화 아이콘인 무협 이야기를 바탕에 둔 영화이다. 그런가 하면 〈라스트 사무라이〉는 남북전쟁이 끝난 후 정신적 혼동에 휩싸인 서양의 군인과 일본의 사무라이 문화가 교묘하게 결합된 영화이다. 이와 같이 작품성과 흥행성을 동시에 만족시킨 콘텐츠 중에는 해당 문명권의 전통 문화에 기반을 둔 경우가 상당히 많다.

이런 작품은 그것을 대하는 타 문명권의 사람에게 새로운 문화에 대한 호기심을 발동시킬 수 있는 특수성을 지니고 있다는 데에서 성공의 일차적인 이유를 찾을 수 있다. 그러나 해당 문명권의 특수성만 강조했다면 오히려 배타심이라는 부작용을 낳을 수 있을 것이다. 따라서 이 역시 특수성과 동시에 세계 보편성을 획득해야 한다.

가령, 도자기나 음식 문화와 같은 소재는 이런 점에서 상당히 좋은 소재가 될 수 있다. 도자기는 유럽과 동양에서 모두 초미의 관심사였고, 생필품이면서 예술품이라는 성격을 지니고 있다. 여기에 한국은 한국대로 고유한 도자기의 미학을 구축했다. 음식 문화 역시 가장 보편적인 것이면서 해당 문명권 혹은 해당 국가마다의 특수한 문화를 반영하고 있다.

이와 같은 문화원형 기반 문화 콘텐츠는 세계적 보편성을 근본에 깔고 있으면서도 다른 문명권에서 느낄 수 있는 신비감, 호기심과 같은 낯선 요소를 지니고 있다. 문화원형은 세계적 보편성과 자국의 특수성을 동시에 담을 수 있는 성격을 지니기 때문에 문화 콘텐츠 창작소재로서 충분한 가치가 있다. 따라서 보편성과 특수성이 자국의 범위를 벗어나 세계적 범주에서도 획득될 수 있는 문화원형 혹은 전통 문화 소재는 우선적으로 개발될 필요가 있다.

문화 콘텐츠의 세계적 경쟁력을 확보하기 위해 자국의 것을 무시하고 세계 보편적인 소재를 개발하고자 하는 경우도 있다. 가령 〈그리스

로마 신화〉 같이 범세계적인 신화가 이에 해당할 수 있다. 혹은 진출하고자 하는 해당 문명권의 문화원형, 예컨대 중국 시장이라면 〈중국 신화〉 등이 또한 포함될 수 있다. 보기에 따라서는 개발의 필요가 없다고 할 수는 없다. 그렇게 해서 큰 성공을 거둔 사례가 이미 있다. 월트디즈니의 애니메이션이 가장 대표적인 경우이다. 디즈니에서 개발한 애니메이션은 대개가 세계 각국의 전통 문화에 기반을 두고 있다. 자체 창작물은 거의 없는 셈이다. 90년대에 들어와서는 중국 소수 민족의 이야기를 차용한 〈뮬란〉을 내놓기까지 했다. 진출하고자 하는 시장의 문화를 최대한 반영한 경우라 할 수 있을 것이다.

그러나 개인적인 의견을 보탠다면 월트디즈니의 성공은 소재의 성격에 기인하는 것이 아니라 디즈니 기업의 속성에 있다고 할 수 있다. 좀 속된 말로 하자면 디즈니와 같은 다국적 기업이기 때문에 가능했다는 것이다.

대개의 경우 이와 같은 방식의 소재 개발은 대단히 근시안적이라고 할 수 있다. 당장의 수출 모델을 마련할 수 있다는 점에서는 인정되겠지만 그러한 소재의 개발이 얼마나 경쟁력을 확보할 수 있을지 의문이며, 이미 경쟁 대상이 많은 분야이다. 그럴 시간과 비용이 있으면 조금만 더 멀리 내다보고 우리 자원 중에서 보편성과 특수성의 조건에 맞는 것을 더 개발하는 데 힘을 기울여야 할 것이다. 이상에서 설명한 문화원형 창작소재의 보편성과 특수성의 관계가 콘텐츠에 미치는 영향을 도식화하면 〈그림 2〉와 같다.

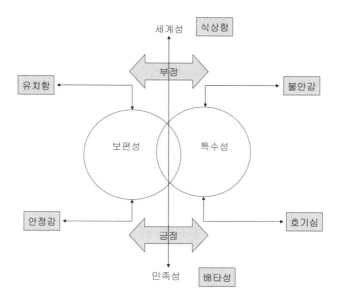

〈그림 2〉

3) 개발 사례

이상과 같은 관점에서 필자는 조선시대 대하소설을 대상으로 문화원형 콘텐츠 개발을 시도한 바 있다. 이 사례를 요약하여 제시하면 다음과 같다.[15]

(1) 텍스트 부분

조선시대 대하소설은 문화원형적 가치가 매우 뛰어남에도 불구하고

---

15   여기에 대해서는 「고전문학과 문화 콘텐츠의 연계 방안 사례 발표」, 『고전문학연구』 25집에서 상세하게 소개한 바 있다.

아직까지 일반인들에게는 그 존재조차 부각되지 않은 실정이다. 손쉽게 읽을 수 있는 번역서나 각색본이 출간되지 않았고, 심지어는 전문가를 대상으로 하는 역주본조차도 제대로 없다. 실상이 이렇다보니 우선 주요 작품에 대한 대강의 줄거리를 제공하는 일에서부터 출발해야 할 것이다. 그러나 이 일도 만만치 않다. 줄거리를 어디까지 상세하게 제공할 것인가? 줄거리만 가지고 대하소설이 가지고 있는 매력을 느끼게 할 수 있을까? 또 줄거리의 활용도가 얼마나 있을까? 등등의 문제가 발생한다. 따라서 줄거리는 시놉시스의 차원에서 서사단락의 형식으로 간략하게 소개하되 이 서사단락을 구성하는 공통된 단위담을 보다 상세하게 제공하는 것이 여러 측면에서 유익할 것으로 생각했다.

조선시대 대하소설은 여러 작품에서 공통적으로 설정되는 단위담을 가지고 있는 만큼 단위담의 유형을 세분화해서 보여주면 대하소설 전체가 한 눈에 보일 수 있을 것이다. 나아가 이들 단위담을 임의로 추출하여 적절하게 배합하면 새로운 이야기를 다수 제작할 수 있는 계기를 제공할 수도 있다. 따라서 이 작업의 대상이 된 대하소설 18편에 대한 작품별 시놉시스와 이들 작품으로부터 추출된 단위담 20개에 대한 상세 시놉시스를 우선적으로 정리했다.

단위담만으로는 대하소설의 분위기에 접근할 수가 없다. 이에 각 단위담을 구성하는 주요 에피소드를 보여줄 필요가 있다. 에피소드는 시놉시스 혹은 서사단락의 형식이 아니라 원전의 해당 부분을 그대로 번역해서 보여주는 것이 효과적이다. 가장 전형적인 부분을 발췌해서 그대로 번역하거나 몇 작품의 부분을 모아서 하나의 전형을 만드는 방향으로 에피소드를 정리했다. 이 에피소드는 읽는 그 자체로 하나의 독립된 장면이나 사건을 보는 효과가 나도록 구성을 했다. 이렇게 구성된 에피소드는 모두 50개이며, 하나의 에피소드는 대개 A4 4매의 분량이 되도록 했다.

에피소드를 이렇게 구성하면, 개발된 단위담과 에피소드를 이용해서 새로운 이야기를 창출하기가 훨씬 수월할 것이다. 실제로 단위담과 에피소드를 이용해서 새로운 이야기가 창출되는 과정을 보여주기 위해서 단위담과 에피소드의 조합을 통한 완전히 새로운 이야기 즉 대형 원작스토리를 제작했다.

(2) 시각화 부분

콘텐츠의 활용도를 높이기 위해서는 원형 스토리만 개발해서 되는 것이 아니라 원형 스토리에 기반한 시각화 작업을 동시에 수행할 필요가 있다. 이 작업을 통해 장차 캐릭터, 애니메이션, 게임 등으로 전환을 꾀할 수 있음은 물론이고, 텍스트 정보의 시각화라는 문화 콘텐츠적 의의도 확보할 수 있기 때문이다.

시각화의 기본은 캐릭터의 개발에 있다. 그렇다면 대하소설의 경우는 인물에 대한 시각화가 무엇보다 우선일 것이다. 이에 본 작업에서는 대하소설의 주요 인물을 성격, 신분, 외양, 기타 등으로 크게 구별하여 모두 56개의 인물 유형을 설정했다. 가령, 성격 범주에서는 충신, 효자, 영웅호걸, 성인군자, 요조숙녀 등의 유형이 설정되었고, 신분 범주에서는 황제, 황후, 공주, 장수, 도적, 도사, 유모 등의 유형이 설정되었다.

설정된 세부 유형은 다시 구체적인 행동 양상에 따라 세분되었다. 이것은 그 인물 유형이 각 작품에서 어떤 모습을 보이는가를 보다 구체적으로 보여줌과 동시에 캐릭터를 그릴 화가에게 보다 정확한 인물 정보를 주기 위해서였다. 그리고 여기에서 추출된 인물 정보는 향후 나올 캐릭터와 연동해서 캐릭터에 대한 설명의 역할을 할 수 있다.

〈그림 3〉 인물캐릭터 예시

〈그림 3〉은 개발된 캐릭터의 예이다. 그러나 이것이 실제 이용자들에게는 〈화면 1〉과 같은 형태로 제공된다. 기생 항목을 찾아가면 대표 캐릭터가 나오고 그 오른쪽에는 이 인물 유형의 기본 성격에 대한 일반적인 설명이 나온다. 대하소설에서 기생이 지니는 기본적인 성격에 대한 간략한 설명이다.

왼쪽에 있는 작은 그림은 이 기생 캐릭터를 '아바타'화한 것이다. 모든 인물을 다 '아바타'화한 것은 아니지만 아바타가 있는 경우는 같이 제공된다. 이것은 대하소설의 인물 캐릭터가 '아바타'로 활용될 수 있는 가능성이 충분히 있음을 보여주기 위한 것이다.

화면의 하단부를 보면 기생이 등장하는 주요 장면이 몇 개의 제목으로 소개되어 있다. 가령, 이중 붉은 박스로 표시된 3번 항목을 찾아서 들어가면 〈그림 4〉와 같은 화면이 나오도록 구성을 하였다.

〈화면 2〉는 기생 캐릭터가 구체적인 장면 속에서 어떤 행위를 하는 가에 대한 이미지이다. 그림의 하단에 주어진 텍스트는 기생이 등장하는 작품의 한 부분이다. 모든 인물 유형이 이와 같이 텍스트와 연동이 된 상태에서 제공되기 때문에 대하소설의 분위기와 성격이 한눈에 들

〈화면 1〉

〈화면 2〉

〈그림 4〉

어오는 효과를 지닌다.

다음으로 개발된 시각 이미지는 배경과 상황이다. 인물이 어떤 공간에서 활동하는가에 대한 정보 역시 대하소설을 이해하고 활용하는 데 주요한 정보이다. 소설에서 빈번하게 설정되는 배경을 57개로 설정했다. 여기에는 정원, 누각, 규방, 객점, 절 등의 공간적 배경이 포함된다.

〈그림 5〉 배경 이미지

〈그림 5〉의 자료는 소설의 배경 중 '규방'의 이미지를 보여준 것이다. 대하소설 속의 공간이 중국으로 묘사되고 있기 때문에 원작에 충실한다는 취지에서 중국의 전통적인 규방의 모습을 그대로 보여주었다.

배경의 경우는 그림으로 그리지 않고 가장 유사하다고 생각되는 장소를 일일이 답사해서 촬영한 사진 이미지를 가공하여 제공했다. 이 경우에도 인물과 마찬가지로 해당 배경이 설정된 원 작품의 부분을 찾아서 번역해서 제시했다.

이 경우 역시 배경 제시화면에서 보듯이 인물 유형과 마찬가지로 해당 배경에 대한 일반적인 설명과 아울러 작품 속의 해당 장면이 번역되어 하단의 이미지와 같이 제공되고 있다. 이미지는 저 해상도와 고 해상도로 선택해서 접근할 수 있으며, 한 배경에 대해서 여러 이미지가 동시에 제공되고 있다.

마지막으로 인물이나 배경 혹은 그 밖의 장면에서 묘사되는 주요 소품을 100개로 설정했다. 복식, 장신구, 악기, 행렬 소품 등이 여기에 포

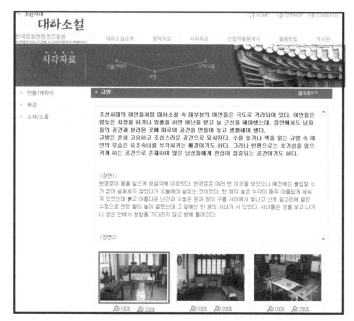

〈그림 6〉 배경 제시 화면

함된다. 제시한 〈그림 7〉 '소품이미지' 화면에서 보듯이 이 소품들에 대한 사전적인 설명을 제공했으며, 소품의 이미지를 그림과 실사 이미지를 통해서 제작했다.

이상과 같은 개발 내용의 개발 취지, 결과물의 분량 등을 도식화해서 나타내면 다음과 같다.

대하소설 18편에 대한 시놉시스
- 작품 전체의 상세한 줄거리 제공, A4 2~3P 분량
- 전체 A4 50P 분량

>> 시각자료　　　　　HOME > 시각자료 > 소품/소재 > 면류관(공주)

◆ 면류관(공주)　　　　　　　　　　　　　　　　　　　🔲목록보기

● 인물/캐릭터

● 배경

● 소품/소재

🔍 크게보기

구봉관과 더불어 공주의 혼인시에 설정되는 관의 일종이다. 왕의 상징이기도 하지만 실제로
왕비의 관복에서도 사용되었다. 왕이 썼던 면류관과는 형태가 다르다.

장면 I
공주를 보건대 머리에 작은 구봉관을 썼으니 꾸민 것이 파리주와 벽전주요 아홉을 면류관은 남해의
야명주니 서광이 영롱하고 육척 향신에 운남강초의를 입었으니 일월과 용봉이 천승의 적의를 표하고
가는 허리에는 식금월라상을 메었으니 최봉이 난상하고 쌍란이 비무하고 양지 벽옥대와 남전 보옥패
는 절조로조차 쟁연하니 예기에 패옥하라 함이 정히 이를 이름이라.

<복원모델의 국적과 시기> 중국 명나라(황후의 면류관)

〈그림 7〉 소품이미지

전형적인 단위담 20편 개발

- 대하소설의 구성 요소의 분석을 통해 문화창작 소재로 직접 사용 가능

　한 툴 개발

- 조선시대 모든 대하소설의 단위담 유형을 20개로 정리

- 전체 A4 50P 분량

특징적인 에피소드 전형 50편 개발

- 대하소설의 전개과정에서 드러나는 구체적 에피소드들을 추출·분

　류·번역

- 분류·번역본을 기반으로 문화산업 창작에 직접 활용될 수 있는 에피소드 전형 50편 개발
- 전체 A4 200P 분량

유형별 원형스토리 20편 개발

- 단위담의 전형을 플롯 설계도로 삼고, 해당 에피소드를 자료 소스로 활용
- 문학적 가미를 통한 현대적 표현의 서사물로 구성
- 전체 A4 500P 분량

표준 인물 캐릭터 56종 개발

- 캐릭터 일러스트 100컷, 행위묘사 일러스트 250컷
- 단순한 인물 캐릭터만이 아닌 캐릭터에 대한 성격부여 tip 제공을 통해 타 인물 캐릭터와의 차별성 유지
- 캐릭터 디자인 근거 및 설명 팁 텍스트 A4 50P 분량

전형적 장면에 대한 배경 표준 모델 57종 개발

- 이미지·일러스트 120컷
- 대하소설의 주 배경이 되는 각각의 사물에 대한 고증적 모델의 시각 자료화
- 디자인 근거 및 설명 팁 텍스트 A4 50P 분량

전형적인 소품 및 소재에 대한 시각 자료 100종 개발

- 대하소설 전개시 차용된 감성, 시각 부문에 대한 시각 자료 개발 100컷

- 디자인 근거 및 설명 팁 텍스트 A4 50P 분량

5. 맺음말

위에서 필자는 문화 콘텐츠 창작소재의 속성과 그 창작소재로서의 문화원형에 대해서 언급했다. 그리고 실제 개발된 사례를 소개하였다.

콘텐츠와 연관을 짓지 않아도 문화원형은 그 자체로 중요한 정신사적 함의를 지닌다. 문화원형은 원론적으로 말하자면 모든 문화적 산물의 근원으로 작용한다. 원래부터 그 자리에 존재하는 것이기 때문에 굳이 공들여 개발할 필요가 없다고 할 수도 있다.

그러나 문화 콘텐츠의 경쟁력 창출을 위해서는 그것이 전략적으로 발굴되고 개발될 필요가 있다. 이때의 문화원형은 소여된 상태로 항상 존재하는 근원적인 것이 아니라 특정한 창작소재의 일환으로 이해할 필요가 있다. 엄밀하게 말한다면 문화원형이라는 말보다는 의미있는 문화자원이라고 지칭하는 것이 더 정확할지도 모르겠다.

창작소재로서의 문화원형을 개발하고자 할 때 명심할 부분은 근시안적 시각을 버리자는 것이다. 당장의 산업적 수익에 매달려 일회일비한다면 이 소재는 힘을 발휘하지 못한다. 문화원형의 개발은 한국적 문화아이콘을 정립하기 위한 큰 작업의 과정으로 이해되어야 한다. 지금도 우리 문화 콘텐츠의 주종을 이루는 것은 서양의 것이 대부분이다. 한국을 대표하는 테마파크는 여전히 '에버랜드'이다. 그 곳에는 온갖 종류의 화려한 캐릭터와 페스티벌이 난무하지만 우리 문화원형이 들어갈 자리는 없어 보인다. 에버랜드의 한 구역인 '이솝빌리지'에서 보듯이 동화나 우화 역시 서구의 것이 자리를 메우고 있다.

우리 문화원형이 이 자리에 들어가 경쟁하기 위해서는 긴 시간이 걸릴 것이다. 지금 자리고 있는 아이들이나 청소년들이 문화의 주역으로 성장했을 때를 대비해야 할 지도 모른다. 그런 미래 주역들을 위해서 조그만 초석을 놓는다는 각오에서 이 개발이 시작되어야 할 것이다.

미래를 내다보는 작업이라면 문화원형은 공익적 측면에서도 개발될 필요가 있다. 문화원형은 그 자체로 교육적 성격을 지닌다. 언제부터인지 모르겠지만 10월이면 어김없이 할로윈 축제를 한답시고 야단이다. 우리에게도 신명나는 거룩한 축제가 있다면 그것을 알리고 교육하는 계기를 마련할 수 있을 것이다. 이런 작업 속에서 산업적 수익이 발생하면 그것은 부수적이라고 치부할 수 있다. 그러나 멀지 않은 미래에 지금의 투자가 상상도 못할 수익을 안겨줄 것으로 믿는다.

문화원형 장작소재의 개발은 산학이 가장 이상적으로 결합할 수 있는 협력 모델이다. 외국의 콘텐츠가 경쟁력을 지닐 수 있는 것은 산학이 유기적으로 결합된 기획 과정이 강화되어 있기 때문이다. 이 부분을 기업이 해결할 수 없다면 당장은 국가가 주도해서 할 수밖에 없는 일이다. 앞으로 우리 문화원형으로 가득한 명품 테마파크와 경쟁력 있는 문화 콘텐츠가 개발되기를 기대한다.

‖ 참고 문헌 ‖

[논문 및 단행본]

김기덕, 「콘텐츠의 개념과 인문콘텐츠」, 『인문콘텐츠』 창간호, 인문콘텐츠학회, 2003.

김성재 편, 『매체미학』, 나남출판, 1998.

박경하, 「한국의 문화원형콘텐츠 개발현황과 과제」, 『인문콘텐츠』 3집, 인문콘텐츠학회, 2004.

박명진, 「즐거움, 저항, 이데올로기」, 『사회과학과 정책연구』 13권, 1991.

이인화 외, 『디지털스토리텔링』, 황금가지, 2003.

월터 J. 옹, 이기우·임명진 역, 『구술문화와 문자문화』, 문예출판사, 1995.

최혜실, 「한국 문화산업 육성을 위한 이론적 토대로서의 문화 콘텐츠」, 『인문콘텐츠』 3집, 인문
　　　콘텐츠학회, 2004.

한국문화콘텐츠진흥원, 『2003 문화원형콘텐츠총람』

한국문화콘텐츠진흥원, 『2004 문화원형콘텐츠총람』

http://www.culturecontent.com

데이터베이스를 활용한 디지털 애니메이션 제작 방법 비교 분석

이동은

1. 서론

1) 연구배경

디지털 시대에 등장한 데이터베이스 패러다임은 모더니즘 시대의 순서 짓기와는 대립되는 포스트모더니즘 시대에 적합한 문화적 형식이다. 뉴미디어 이론가인 레프 마노비치가 언급했다시피 데이터베이스 이전 세계의 문화 표현의 핵심적인 형식은 소설 혹은 영화를 필두로 하는 서사 양식이었다. 그러나 세계를 의미화하는 형식으로서의 서사는 컴퓨터 시대에 이르러 모든 문서와 이미지, 그리고 영상물까지도 데이터 형식으로 전환하여 거대 문화 데이터 집합인 컴퓨터 데이터베이스에 저장하고 보관하게 되었다. 즉, 모든 유형의 데이터가 0과 1의 최소단위로 이루어진 비트(bits)[1]의 형태로 컴퓨터의 데이터베이스 시스템 안에 집대성된 것이다. 바꾸어 말하면 컴퓨터 시스템에서의 데이터베이스는 데이터들의 구조화된 집합이라고 정의할 수 있다.[2]

데이터들의 집합체인 데이터베이스 내에서의 각 목록들은 순서가 존재하지 않고 비선형적이며 인과적이지 않은 독립적인 것들이다. 데이터 생성자들은 데이터를 모아서 구성하거나 혹은 처음부터 데이터를 창조해야한다. 텍스트는 씌어져야 하고 이미지들은 그려져야 하며 다양한 동영상들은 촬영되거나 랜더링 되어야 한다. 또한 디지털화되지 않은 소스들은 디지털 형식에 맞게 변환되고 수정되어야 한다. 이런 다양한 방식으로 소스들이 디지털화되고 나면 각각의 독립적인 데이터들은 데이터베이스 시스템 하에 유형별로 조직화되어 기록된다. 이 유형별 조직화는 개별적인 데이터들이 컴퓨터와 네트워크를 통해 빠른 검색과 복구에 맞도록 구조화되는데 이는 미디어 제작과 접근의 자동화 시스템과 밀접한 연관관계를 갖는다. 즉, 이미 데이터베이스 시스템 어딘가에 저장된 데이터 혹은 미디어들의 객체를 적절히 찾아내어 자동화된 오퍼레이션 기능들을 이용하여 또 다른 데이터 객체를 만들어내는 순환구조가 생성되는 것이다.

그런데 이 순환구조 속에서 생성된 독립적인 데이터들은 사용자에 의해 추출될 때에는 특정한 서사를 만들면서 또 하나의 판본을 생성하는 특이점을 갖게 된다. 이런 현상을 마노비치는 가변의 원리를 통한 디지털 미디어 객체의 무한한 판본 존재 가능성이라고 필역하고 있다.[3]

---

1   빌렘 플루서, 윤종석 역, 『디지털시대의 글쓰기』, 문예출판사, 2002, 255쪽.
2   니콜라스 네그로폰테, 백욱인 역, 『디지털이다』, 커뮤니케이션북스, 2007, 17쪽.

여기서의 판본은 작가의 의도가 포함되지 않은 탁본 혹은 복사본의 개념이 아니라 기존에 있던 데이터가 새로운 생산의 재료로 사용된다는 측면에서의 개념이다. 이와 같은 판본의 생성은 변화에 대한 존중이라는 디지털 시대의 문화적 취향과도 연관[4]되는 것으로 무한한 맞춤형의 판본들을 복제품이 아닌 또 하나의 원본으로 인정하는 문화를 양산해냈다.

이러한 데이터베이스 패러다임이 가져온 판본의 무한한 생성 가능성은 발터 벤야민의 복제품과 원본에 대한 논의[5]를 부수적인 것으로 만들어버리면서 실재와 그 재현(representation)간의 차이를 소멸시켜 모든 것의 상호교환이 가능해진 시뮬라크르(simulacres) 시대[6]의 도래를 예고한다. 움베르토 에코의 말처럼 어떤 일정한 약호화 형식으로서의 디지털화는 복제의 새로운 가능성들을 함축하고 있는 것이다.

그러므로 데이터베이스 패러다임 속에서는 작품에 사용디는 모든 요소들이 100% 순수 작가의 창작물이 아니라는 사실이 비난의 대상이 되지 않는다. 오히려 데이터베이스를 잘 활용하고 있는 작품이 경제성이라는 측면에서 높이 평가되면서 벤치마킹 되고 있다.

2) 연구 목적과 연구 방법

위에서 살펴본 것처럼 데이터베이스의 논리는 21세기 디지털 시대

---

3   레프 마노비치, 서정신 역, 『뉴미디어의 언어』, 생각의나무, 2005, 283쪽.
4   위의 책, 80쪽.
5   류철균, 「디지털 시대의 한국 현대문학」, 『국어국문학』 제143호, 2006.
6   발터 벤야민, 반성완 역, 『발터 벤야민의 문예이론』, 민음사, 2006.

의 흐름을 이해하는데 새로운 아이콘으로 부상했으며 데이터의 추출과 새로운 판본의 생성이라는 측면에서도 혁신적인 장을 열었다. 본 연구에서는 이런 시대적 패러다임의 배경 속에서 애니메이션이라는 특정 장르의 예술이 어떻게 변화하면서 대응해나가고 있는지에 초점을 맞추고자 한다.

그러기 위해 우선 2장에서는 애니메이션의 근본 개념을 살펴보고 디지털 기술 도입에 따른 제작 기술의 변화를 통해 디지털 애니메이션의 특징을 설명하고자 한다. 특히 아날로그 애니메이션의 제작방식과 디지털 애니메이션의 제작방식을 비교함으로써 데이터베이스를 활용한 애니메이션의 강점과 우수성, 그리고 두드러지는 그 특징들을 밝혀보도록 하겠다. 3장은 구체저인 사례 조사로 데이터베이스를 활용하여 디지털 애니메이션을 제작할 수 있는 방법을 변형을 통한 활용 방식, 확장을 통한 활용 방식, 변이를 통한 활용 방식이라는 세 가지 형식으로 나누어 고찰하도록 하겠다. 참고로 3장에서 다루어질 사례들은 국내와 국외, 그리고 텔레비전 시리즈와 극장용 장편 애니메이션을 모두 대상으로 하였다. 마지막 4장에서는 분석들을 통해 나타난 결론으로 데이터베이스를 활용한 디지털 애니메이션 창작 시스템의 의미를 도출하고 현실적인 한계를 지적하며 앞으로 나아갈 방향을 모색해보고자 한다.

2. 디지털 애니메이션의 개념과 특징

1) 아날로그 애니메이션과 디지털 애니메이션의 개념

1915년 얼 허드(Earl Hurd)에 의해 고안된 셀(cell) 애니메이션 기법은 종이에 그린 그림을 투명한 셀에 옮기고 그 뒷면에 채색을 한 다음 배경 그림 위에 놓고 촬영하는 방식이었다.[7] 일련의 정지된 이미지를 연속적으로 배열함으로써 움직이는 영상을 만들어내는 일종의 동영상 제작 방식인 아날로그 방식의 셀 애니메이션은 근본적으로 모든 이미지들을 새롭게 생성해야한다는 특성 때문에 공정도 복잡하고 수작업이 많은 형태의 예술이었다. 때문에 셀 애니메이션을 제작하는데 있어서 한 회사가 기획부터 제작까지의 모든 제작 과정을 도맡아서 하는 것보다 다수의 소규모의 애니메이션 제작사나 개인에게 하청을 주어 분업화 과정을 꾀하는 것이 보편적인 방식이었다.

하지만 이런 분업화 공정은 애니메이션에서의 수정이 요구될 경우 그 부분만 따로 독립시켜 수정 보완하기는 힘든 구조를 가지고 있다. 즉, 레이아웃, 배경, 원화, 동화, 채색, 촬영, 편집, 현상 등의 제작과정이 순차적으로 나열된 선형적인 제작방식을 유지하고 있기 때문에 어느 한 과정에서 수정의 필요성이 발생했을 경우에 처음 단계로 돌아가 모든 프레임에 재작업을 진행시켜야했다. 또한 캐릭터의 통일성 결여, 인건비를 포함한 제작비의 상승, 제작기간의 연장 등에도 영향을 미쳤다.

---

7   장 보드리야르, 하태환 역, 『시뮬라시옹』, 민음사, 2006.

그러나 기존의 아날로그 방식에만 머물던 작업들이 디지털로 전환되면서 애니메이션 제작에도 디지털 기술이 적극적으로 활용되기 시작했다. 디지털 애니메이션은 컴퓨터를 사용하여 기호화 된 영상정보로 제작되어지는 애니메이션을 총칭하는데[8] 좁게는 컴퓨터에 의해 제작되어지는 순수 디지털 애니메이션을 의미하지만 넓게는 아날로그 제작방식에 의해 제작된 애니메이션을 디지털 저장 매체나 디지털 전달 매체로 전환하는 모든 작업가지도 포함한다. 불과 30년이 채 안된 디지털 기술의 도입은 혁명이라고 불릴 만큼 빠른 속도로 모든 산업에 흡수되어 이제 애니메이션을 제작하는데 있어 디지털 기술을 제외하고는 생상할 수 없을 정도에 이르게 된 것이다.

2) 디지털 기술 도입에 따른 애니메이션 제작 방식의 변화와 특징

캐릭터의 움직임을 일일이 손으로 그려서 이어 붙이는 기존 아날로그식의 애니메이션 제작기법과는 다르게 디지털 애니메이션은 컴퓨터 상에 만들어진 캐릭터와 배경 오브젝트 등의 이미지를 올려놓고 색감과 질감을 입히고 캐릭터를 제어해 움직임을 만들어낸다. 여기에 인공적인 광원을 만들어 빛의 환경을 창출해내고 카메라의 움직임을 제어하는 과정을 거쳐 최종 영상물을 만들어낸다.[9] 애니메이션을 제작하는데 있어서 디지털 기술 도입은 근본적으로 선형적이고 순차적인 애니메이션의 제작방식을 병렬적이고 비선형적인 양상으로 바꾸었는데 이

---

8   전승일, 「디지털 애니메이션 제작 테크닉에 대한 연구」, 동국대 석사논문, 1998, 8쪽.
9   김지수, 「디지털 애니메이션 산업 활성화를 위한 발전 방안 연구」, 홍익대 석사논문, 2004, 5쪽.

러한 제작방식의 변화는 노동집약적인 산업이었던 애니메이션 산업을 기술집약적인 산업으로 바구고 뉴미디어 시대의 새로운 영상문화를 창조하는데 중요한 역할을 수행하고 있다.

디지털 애니메이션은 한번 모델링된 이미지들을 이용해 움직임을 만들어낸다는 측면에서 캐릭터들의 일관성과 통일성을 유지하기 쉽고 일이이 손으로 그렸던 모든 프레임을 자동화된 오퍼레이션 기능들을 이용하여 완성시킴으로써 보다 손쉽게 정밀한 움직임을 창출할 수 있다는 강점을 가지고 있다. 또한 디지털 애니메이션의 각 제작 단계들은 독립적으로 실행되고 저장되기 때문에 어떤 단계에 수정을 가하면 그 다음 단계에 자동적으로 수정될 수 있도록 파이프라인을 짤 수 있다. 수정된 결과를 즉시 확인할 수 있다는 점에서 제작기간과 제작비용 등을 단축시키면서 질 높은 애니메이션을 제작할 수 있는 길을 열었다.

무엇보다 혁신적인 변화는 제작 시스템 속에서 생성된 캐릭터와 배경 이미지들은 디지털 데이터의 형태로 데이터베이스 내에 저장된다는 점이다. 크리스 패트모어가 지적했다시피 디지털 작업의 장점은 모든 이미지를 한 곳에 놓고 작가나 디자이너가 쉽게 꺼내서 작업할 수 있는데 있기 때문에[10] 디지털 애니메이션에서 한번 생성되어 저장된 소스 이미지들은 인위적으로 삭제하거나 변형하지만 않는다면 초기 상태를 영구 보존할 수 있어 복제와 저장, 그리고 이미지의 변형과 합성이 얼마든지 가능해진다. 게다가 〈표 1〉의 비교 분석에서 알 수 있듯이 대량으로 복제를 해내어도 원본과 화질에 있어 차이가 없기 때문에

---

10   정남기, 「애니메이션 제작 시스템의 구조 변화 연구」, 서강대 석사논문, 2006, 22쪽.

〈표 1〉 디지털 기술 도입에 따른 애니메이션 제작방식의 변화와 특징

		아날로그 애니메이션	디지털 애니메이션
제작도구		셀	컴퓨터
산업형태		노동집약적	기술집약적
특징	제작과정	선형적, 순차적	병렬적, 비선형적
	수정구조	수작업, 작업 완성 후 결과 확인	자동화, 결과 즉시 확인
	저장형태	물리적 보관, 소실가능성	데이터베이스화, 영구보완
	소스활용	불가	복제, 변형, 합성을 통한 활용

많은 오브젝트 데이터들을 데이터베이스로 구축하고 이를 사용한다면 언제든지 짧은 시간 안에 원하는 이미지를 생성해 낼 수 있게 되었다.

문제는 판본 생성의 목적과 활용방식이다. 문학과 영화에서의 각색에 대한 코닉스베르그의 이론[11]을 살펴보면 각색은 원안으로부터 새로운 장르로의 변화를 목적으로 하고, 원안을 그대로 받아들이는 것이 아니라 새로운 매체에 따라 표현 방식을 변화시켜야 한다고 설명한다. 그리고 변화에 대한 방식으로는 원안을 충실히 반영하거나 축소, 확대, 혹은 완전히 해체하여 새롭게 재창조하는 방식들을 꼽을 수 있다.

데이터베이스를 활용하여 디지털 애니메이션을 제작할 때에도 위의 이론을 접목시킬 수 있는데 그것이 바로 데이터의 레이어 수정을 통한 변형의 방식과 데이터를 하나의 생명력 있는 존재로 인식하여 확장을 추구하는 방식, 그리고 다른 목적으로 쓰였던 데이터를 완전히 해체하여 새로운 변이를 꾀하는 방식이다. 다음 장에서는 구체적인 사례를 통해 데이터베이스를 활용한 세 가지 방식에 대해 살펴보도록 하겠다.

---

11   크리스 패트모어, 최유미 역, 『애니메이션 이렇게 만든다』, 한울, 2004.

3. 데이터베이스를 활용한 디지털 애니메이션 제작 방법론

1) 변형을 통한 활용 방식

디지털 이미지는 분리된 여러 개의 레이어(layer)로 구성되고, 각각의 레이어들은 그만의 시각적 요소들을 포함한다. 여러 가지 그래픽 프로그램에서 등장하는 레이어의 개념은 일종의 '층'을 의미하는 것으로 기존의 아날로그 애니메이션에서의 셀과 동일한 개념이라고 생각해볼 수 있다.

셀 애니메이션은 최종적인 형태로 보이는 것과는 달리 한 장에 모든 그림이 그려지는 것이 아니라 두 장에서 수 십장에 이르기까지 다양한 셀들이 겹치면서 완성된 이미지를 갖게 된다. 같은 배경 하에 캐릭터가 계속 움직이는 장면을 연출할 때 주고 사용되었던 이 방식은 그림을 그릴 때 어떤 부분을 완성한 후 그 부분의 수정 없이 다른 부분의 움직임을 보여주고자 할 때 효과적이다.

이러한 셀의 역할을 디지털 미디어에서는 레이어가 담당한다. 레이어는 움직임의 표현일 뿐아니라 이미지와 이미지의 겹침으로 나타나는 효과를 극대화해주기도 한다. 또한 데이터베이스에 저장된 데이터들의 레이어 수정으로 인해 완전히 다른 이미지 결과물을 만들어내기도 한다. 이와 같은 판본 생산은 A라는 씬이 a의 데이터를 담은 레이어와 b의 데이터를 담은 레이어와 c의 데이터를 담은 레이어로 구성되었다면, B라는 씬은 d와 e, 그리고 A씬에서 사용되었던 a라는 데이터를 다시 담아 새로운 이미지로 재구성될 수 있다는 논리이다.

실상 이와 같은 데이터 변형을 통한 판본 생성은 디지털 애니메이션 제작 현장에서는 특별한 일이 아니다. 그것을 의식하고 있든 안하고 있든 간에 제작비와 인력, 제작기간을 단축하기 위한 효율적인 방안이기 때문이다. 문제는 데이터베이스에 저장되는 데이터들의 단위를 어떻게 할 것인가와 그 데이터들을 적극 활용하기 위한 검색의 자동화를 어떻게 구축할 것인가에 있다. 그런 면에서 애니메이션 제작사인 '스튜디오 비'에서 제작한 TV시리즈 애니메이션 〈이솝극장〉은 체계적인 데이터베이스 활용도 측면에서 높이 평가할 만하다.

〈이솝극장〉을 구성하고 있는 세계는 그야말로 원자적이다. 〈그림 1〉에서 보듯 나뭇가지에 달리는 나뭇잎 하나하나가 독립된 객체인 비트의 형태로 데이터베이스에 저장되기 때문이다. 원자적 단위로 각각의 카테고리에 담기게 되는 데이터들도 어떤 특별한 이미지를 완성시키기 위한 디자이너의 필요에 의해 추출되어 조합을 만들어낸다.

이것은 마치 생활형 가상세계를 표방한 린든랩(Linden Lab)의 〈세컨드라이프(Second Life)〉 세계의 구성방식과 닮아있다. 〈세컨드라이프〉의 플레이어는 원자적으로 구성된 오브젝트들을 조합하고 변형해 자신만의 오브제를 디자인하게 된다.[12] 〈이솝극장〉의 배경과 소품에 쓰이고 있는 다양한 오브젝트들은 저마다의 최소 단위로 데이터베이스에 저장된다. 그리고 좌우를 변형시키거나 색을 달리하거나 조합하는 객체의 수와 위치를 변형시킴으로써 완전히 다른 분이기를 가진 오브젝트를 재생산해낸다. 〈그림 2〉에서 보이는 이미지는 실제 〈이솝극장〉에서

---

12   Ondrejka, Cory R., "Changing Realities : User Creation, Communication, and Innovation in Digital Worlds", 2005.

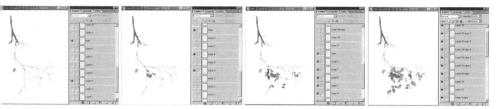

그림 1〉 스튜디오 비의 〈이솝극장〉 데이터의 원자적 구성방식

그림 2〉 데이터 변형을 통한 활용 방식 : 스튜디오 비의 〈이솝극장〉

쓰인 컷들이다. 데이터베이스에 저장된 나무 오브젝트를 레이어 수정에 의해 나뭇잎의 개수와 색, 그리고 달리는 위치, 조명 등의 변형을 통해 계절의 변화를 표현하였다.

또한 〈그림 2〉의 중앙과 오른쪽 파라솔 역시 오브젝트의 레이어 수정을 통해 변형되었고 풀밭에 피어난 노란 꽃은 꽃 하나가 그려진 레이어를 무수히 복제, 배열하여 완성되었다. 〈그림 2〉 우측 이미지에서 보이는 프레임 우측 상단에 위치한 나뭇가지 역시 거대한 나무의 나뭇가지 하나를 활용한 것으로 최소 단위로 저장된 데이터베이스를 적극적으로 활용한 좋은 예라 할 수 있다.

앞서 언급했다시피 이와 같은 제작방법은 한번 사용했던 소스를 재사용한다는 측면에서 제작비와 제작 시간을 감소시키는 효과적인 방법이기는 하지만 아직은 현실적으로 많은 문제를 안고 있다. 디지털,

특히 3D의 소프트웨어로 만들어지는 객체들의 무게 때문에 방대한 양의 데이터를 담아낼 저장 매체의 한계라는 시스템 상의 문제와 사용되는 다양한 소프트웨어 툴들에 대한 다양성 때문에 객체들 간의 호환성 문제가 바로 그것이다. 일례로 같은 감독과 주요 스텝이 동일하여 시각적 측면에서 유사성을 보여주고 있는 극장용 장편 애니메이션 〈마리이야기〉와 〈천년여우 여우비〉는 사용되는 3D 프로그램의 차이 때문에 전작의 데이터를 전혀 사용하지 못한 아쉬움을 남겼다. 또한 이러한 데이터들을 전문적으로 관리하고 보관을 유지하는 전문 인력이 부재하다는 사실도 한계로 지적된다. 때문에 아직까지는 산업 전반에 범용화할 수 있는 단계보다는 조금 소극적인 단계로 제작사 단위 혹은 아티스트 단위로 진행되고 있다.

2) 확장을 통한 활용 방식

레이어 수정을 통한 디지털 애니메이션의 제작방법이 주로 배경과 오브젝트들의 변형을 통한 활용 방법이었다면 캐릭터 중심의 데이터들을 활용하여 시리즈화로 연계하는 것은 데이터 확장을 통한 활용 방식이라 할 수 있다.

셀 애니메이션에 비해 디지털 방식으로 제작된 애니메이션은 유독 시리즈를 제작하여 그 활용 범위를 확장하는 경우가 많다. 너무나 당연하게도 그 이유는 이미 한번 제작해놓은 소스들을 재사용할 수 있다는 장점 때문이다. 드림웍스의 장편 애니메이션인 〈슈렉〉은 2001년 개봉되었던 1편도 흥행에 성공했지만 2004년의 2편은 당시 전 세계 역대 애니메이션 흥행 1위 자리를 지킬만큼 큰 성공을 거둔 전적을 가지고 있다. 이런 힘으로 3편 역시 아기자기한 캐릭터들과 풍자적인 스토리텔링을 완성도 있게 보여주면서 흥행을 이어간 바 있다.

그러나 관객의 입장에서 의심의 여지가 없는 '슈렉'의 이미지는 생각만큼 그리 쉽게 얻어진 결과물이 아니다. 최종 3D 캐릭터로 탄생하기 이전에 '슈렉'은 다수의 컨셉 아티스트에 의해 수많은 이미지가 디자인되었다. 초록색의 거대한 괴물 '슈렉'의 모습이라고는 상상할 수 없을 법한 이미지들에서부터 많은 수정과 구현을 통해 최종 버전이 완성된 것이다.

특히 〈슈렉 2〉에 등장해 애처로운 눈빛 연기로 많은 인기를 독차지했던 '장화 신은 고양이(Puss In Boots)'의 캐릭터 개발 과정은 하나의 캐릭터 개발에 얼마나 많은 공을 들이고 있는지를 단적으로 보여주는 좋은 예이다. 캐릭터 디자이너인 톰 헤스터와 그의 스텝들은 처음에 '장화 신은 고양이'의 원작인 프랑스 일러스트레이터 구스타브 도레의 이미지를 차용했다고 한다. 오리지널 캐릭터는 벨트에는 죽은 쥐를 매달고 뾰족 뾰족한 목걸이와 깃털 장식의 모자, 그리고 거친 가죽 장화를 신은 자기애가 강하고 컨트롤하기 힘든 도전적인 눈빛을 가지고 있는 강한 캐릭터였다. 그러나 수많은 회의와 컨셉 디자인 작업을 거쳐 '장화 신은 고양이'는 조금 더 날렵한 몸매에 친절하고 매너 있는 부드러우면서도 카리스마 넘치는 이미지가 더 적합하다고 결정되었다. 그의 출연작이었던 '마스크 오브 조로(Mask of Zorro)'의 '조로'를 벤치마킹하여 훨씬 매력적인 캐릭터로 거듭나게 된다.

디자인의 확정 이후, 테크니컬 디렉터와 애니메이터들은 조로를 '장화 신은 고양이'로 변신시키기 위해 조로의 시선, 행동, 버릇, 눈빛, 표정까지고 세밀히 연구하게 된다.[13] 총체적인 연구 이후 '장화 신은 고양이'는 모델링과 캐릭터 셋업 단계를 밟고 가상공간에서 완벽한 배우로 거듭나기 위해 뼈와 관절을 심고, 살과 지방, 그리고 겹겹의 스킨들을 모두 구성하고 나서야 비로소 '슈렉'과 함께 모험을 하고 3D 세상 속에서 살아가는 신뢰감 있는 캐릭터로 탄생하게 되는 것이다.

집단 창작이라고 불릴 수 있을 법한 캐릭터의 탄생과정 만큼이나 중요한 것이 바로 캐릭터의 애니메이팅 과정이다. 애니메이팅의 질에 따라 캐릭터의 아이덴티티와 캐릭터성 구현의 완성도가 좌우되기 때문이다. 기존의 아날로그 애니메이션 제작과정에서의 캐릭터 애니메이팅은 디자인된 캐릭터의 다양한 표정과 동작의 특이점들을 셋팅하는 단계에서 출발한다. 디자이너들은 캐릭터가 웃거나 울 때의 표정에서 눈꼬리의 방향, 눈동자의 위치와 크기, 입모양, 코의 움직임 등 얼굴 근육의 다양한 움직임들을 최대한 상세하게 그림으로 그려 놓는다. 그럼에도 불구하고 원화와 동화 과정을 통해 완성된 캐릭터 애니메이션은 애니메이터들의 드로잉 실력에 따른 격차와 분업화된 제작 시스템 때문에 일관성과 다양성이 공존하는 완성도를 찾아보기 힘들었다. 그러나 디지털로 캐릭터를 작업할 때에는 캐릭터의 표정과 동작들을 스크립트로 정해놓거나 샘플링해 놓기 때문에 애니메이팅을 하는 아티스트가 누구냐에 따라 캐릭터성이 달라질 확률을 최소화하면서 캐릭터의 속성을 지속, 유지시킬 수 있어진 것이다.

---

13   Dream Works L.L.C., SHREK From the swamp screen, Harry N. Abrams, Inc., 2004, pp.76~79.

이처럼 하나의 캐릭터를 탄생시키기 위해서 소요되는 시간과 인력의 집중도가 큰데 반해 단 한 편의 애니메이션을 제작하고 완성하는데만 사용된다면 데이터베이스의 활용도 측면에서 다소 소극적이라 말할 수 있다. 더군다나 앞에서 살펴본 것처럼 디지털로 제작된 캐릭터들은 셀 애니메이션에서 처음부터 캐릭터를 하나하나 그려야하는 경우와는 달리 데이터베이스에 완성된 형태로 저장된다. 원하는 캐릭터를 추출해 움직이기만 하면 얼마든지 새로운 애니메이션이 재탄생될 수 있는 충분조건을 갖추고 있는 것이다.

임아론 감독의 〈뽀롱〉은 TV시리즈와 극장용 장편을 동시에 기획 준비한 작품으로 데이터를 확장시켜 성공을 거두고 있는 예이다. 북극에 사는 조금은 엉뚱한 북극곰의 코믹한 활약상을 보여주는 5분짜리 단편 시리즈물인 TV시리즈에서는 가끔 다른 캐릭터들이 등장하고 있기는 하지만 주로 '뽀롱'의 단일 출연으로 엉뚱하고 실수투성이의 다양한 에피소드를 보여준다. 제작사는 인기 캐릭터로 자리 잡은 '뽀롱'을 활용하여 스토리가 완전히 다른 장편 애니메이션 〈뽀롱의 머그잔 여행〉을 제작한다. TV시리즈에 그치지 않고 극장용 장편으로 시리즈를 확장시키는 데에는 '뽀롱'의 캐릭터는 물론이고 TV시리즈에서 간간히 등장했던 서브 캐릭터들을 등장시켜 그들이 벌이는 예측불허의 모임 이야기를 형상화한다. 더불어 캐릭터 소스의 재활용 뿐 아니라 배경 오브젝트들 역시 시리즈화를 통해 적극 활용하고 있는 일면도 〈그림 3〉에서 확인할 수 있다.

이와 같은 캐릭터 중심의 시리즈화 방식은 한 걸음 더 나아가 폭넓은 연기 활동을 할 수 있는 디지털 배우의 단계로까지 확장될 수 있다. 실

〈그림 3〉 데이터 확장을 통한 활용 방식 : TV 시리즈 애니메이션(좌)과 극장용 장편 영화 〈머그잔의 여행〉(중, 우)

제로 기술적으로 완벽한 사실적인 질감과 함께 어우러질 수 있는 조명, 그리고 모션픽처와 같은 실제 대상의 움직임을 포착해 애니메이팅 되고 있기 때문이다. 더군다나 컴퓨터로 제작된 캐릭터는 인간 배우가 가질 수밖에 없는 한계들인 생로병사와 사고의 위험요소에서 완벽히 자유로울 수 있다. 1989년 시그라프(Siggraph)에서 열린 〈작은 죽음(The little Death)〉의 제작발표회장에서의 맷 엘슨(Matt Elson)의 말처럼 실제 배우에게서 바라는 것 이상의 색다른 것으로 다른 방법으로는 도저히 성취되지 않은 효과를 가진 디지털 배우의 가능성이 잠재하고 있는 것이다. '빼꼼'의 확장을 통한 활용은 시리즈화에 그치지 않고 한걸음 더 나아가 디지털 배우로서의 서막을 알리고 있다. 그야말로 원소스 멀티 유즈(One source multi use)라는 개념으로서의 확장이 아니라 원 캐릭터 멀티 스토리(One character multi story)의 시대가 멀지 않은 것이다.

3) 변이를 통한 활용 방식

린든 랩의 코리 온드레이카는 그의 글 "Changing realities"를 통해 새로운 창조의 엔진이 된 디지털 세계에 대해 언급한다. 그는 과정에는 결코 가능하지 않았던 커뮤니케이션과 협력의 형식들이 등장하고 실험정신의 자유가 무한히 제공되는 전례 없는 효율적인 혁신들이 디지털 시대에 일어나고 있다고 지적한다.

머시니마(Machinima)의 등장도 그런 측면에서 디지털 애니메이션 업계의 혁신을 불러일으켰다. 특히 데이터베이스 시대의 판본을 만들어내는 재료가 되는 소스를 어디까지 인정해야 하는가, 혹은 소스 출처에 대한 문제는 어떻게 다루어야 하는가에 대한 개념을 확장시키는데 큰 기여를 했다. 즉 기존의 애니메이션 장르에서의 변형과 확장을 통한 데이터베이스의 활용 한계를 뛰어넘어 타 미디어에서 발생하고 저장되는 데이터베이스를 해체하여 완전히 새로운 창작물인 애니메이션을 제작해내게 된 것이다. 이러한 방식을 변이를 통한 활용 방식이라 할 수 있다.

현재의 머시니마는 특히 게임형 가상세계에서 생산되고 저장된 모든 요소, 데이터들을 가지고 만들어진다. 이와 같은 현상은 1980년대와 1990년대를 거치면서 이미지 제작 기술이 컴퓨터화 되었고 그 결과 대부분의 이미지들은 사실상 합성과 편집에 의한 것으로 바뀐 결과와도 상관관계가 있다. 초창기 머시니마는 3D 게임인 〈퀘이크(Quake)〉에서 게임 화면을 캡쳐하면서 등장했지만 PC게임, 콘솔, 온라인 게임 등 게임 플랫폼의 다양화와 새로운 게임의 발매, 그리고 더욱 실감나는 3D 그래픽 이미지들을 통해 전문적인 애니메이션에 가까운 수준의 작품까지 제작되고 있다.

〈그림 4〉는 그 예들이다. 루스터 티스 프러덕션(Rooster Teeth Productions)의 〈Red vs Blue〉(이하RVB)를 들 수 있다. 시즌 4까지 DVD로 제

〈그림 4〉 데이터 변이를 통한 활용 방식 : Rooster Teeth Productions)의 〈Red vs Blue〉, 〈The Strangerhood〉와 〈Sou~ park〉 시즌 10의 'Make Love, Not Warcraft〉

작되어 상업적인 성공을 거둔 사례로 뽑히는 〈RVB〉는 마이크로소프트 콘솔 게임기 X박스용 인기 게임인 〈헤일로(Halo)〉를 기반으로 만들어진 애니메이션이다. 양쪽이 절벽인 깊은 협곡에 대치하게 된 두 군사 팀은(Red 와 Blue) 서로 왜 싸우는지를 알아내려고 필사적으로 노력하는 이야기로 시작되는 〈RVB〉 머시니마는 매회 3분 내외의 러닝 타임으로 이루어진다. 2003년도 작품이라는 제작 시기를 고려한다면 특별한 카메라나 캐릭터의 액션보다 대사 중심의 작품이라는 것이 단점으로 지적될 필요는 없겠지만 분명 캐릭터들의 연기에 그 한계점이 분명히 있어 보인다.

그에 비해 〈심즈〉를 플랫폼으로 활용해 제작된 〈The Stranger-hood〉는 마치 미국 시트콤 드라마인 〈프렌즈(Friends)〉의 형식과 스토리텔링을 벤치마킹한 느낌의 애니메이션이다. 특히 생활형 가상세계인 〈심즈〉나 〈세컨드라이프〉의 게임에서는 개성 있는 캐릭터들의 등장과 각 캐릭터마다 수천 개의 포즈와 사이즈, 얼굴표정, 머리, 헤어, 피부 톤, 의상 그리고 액션에 이르기까지 그 데이터베이스의 방대함이 영상 스토리적인 측면에서 많은 발전을 가져왔다. 굳이 대규모의 산업적인 시스템을 갖추지 않아도 소규모의 창작 집단이나 개인 작업을 통해 애니메이션을 제작할 수 있게 된 것이다.

또한 이와 같은 변이적 활용 방식에 의해 제작된 애니메이션은 이벤트 성으로 기존 애니메이션 제작에 있어서도 활용되기도 한다. 〈사우스파크〉 시즌 10의 8,9화는 MMORPG 〈월드오브워크래프트〉를 변이적으로 활용한 머시니마를 오리지널 〈사우스파크〉 애니메이션 내에 삽입시킴으로써 흥미로운 스토리텔링을 선보이기도 했다.

디지털 애니메이션 제작의 플랫폼을 게임에서 찾고 있는 머시니마는 특히 캐릭터들이 걷고, 돌고, 점핑하고, 배경에 반응하는 인터랙션 구현에 있어 리얼 타임을 기반으로 한다는 점에서 의미가 크다. 또한 키보드와 마우스로, 혹은 비디오 게임 컨트롤러를 사용해서 간단하고 편리하게 캐릭터를 조정하면서 나타내고 싶은 동작을 구현한 영상을 합성과 편집 과정을 통해 애니메이션으로 완성시킬 수 있는 프로덕션은 애니메이션 창작의 자동화라는 측면과 애니메이션 창작자의 저변을 확대시킬 수 있다는 측면에서 높이 평가되고 있다. 이제 머시니마는 애니메이션을 제작하는 기술 혹은 틀에 그치지 않고 애니메이션이 한 장르로서 자리매김 하고 있다.

4. 결론

지금까지 본 연구에서는 데이터베이스를 적극적으로 활용한 디지털 애니메이션 제작 방법들을 구체적인 작품의 사례를 통해 유형별로 나누어 살펴보았다. 이를 위해 디지털 시대의 새로운 패러다임으로 주목받고 있는 데이터베이스 패러다임의 개념과 특징, 그리고 데이터베이스 패러다임이 가져온 판본의 무한 생성 가능성의 의미를 서론에서 정립하였다. 본론에서는 데이터베이스의 논리와 디지털 애니메이션의 관계를 살펴보기 위해 디지털 기술 도입에 다른 애니메이션 제작기술의 변화와 디지털 애니메이션의 특징을 살펴보았다. 근본적으로 모든 이미지를 새롭게 생성해야 하는 애니메이션의 개념에 디지털 기술이 도입되면서 노동집약적이었던 애니메이션은 기술집약적 산업으로 탈바꿈하였다. 디지털 애니메이션 공정에서 한번 생성된 이미지 데이터들은 데이터베이스 시스템 하에 영구 보존되면서 복제와 저장, 그리고 이미지의 변형과 합성을 끊임없이 가능하게 했다.

구체적인 제작 사례를 통해 데이터베이스를 활용한 디지털 애니메이션의 창작 기술 방법은 크게 세 가지 유형으로 나누어 볼 수 있다. 데이터베이스에서 추출된 데이터들을 기본 소스로 활용, 레이어 변형을 통한 새로운 이미지를 생성해내는 변형을 통한 활용 방식과 시리즈화로 캐릭터를 확장시켜 데이터베이스를 활용하는 적극적인 확장을 통한 활용 방법, 그리고 두 방식의 활용 한계를 뛰어넘어 타 미디어에서 디지털 형식으로 발생하고 저장된 데이터를 완전히 해체하여 새로운 창작물을 만들어내는 변이를 통한 활용방식 등이 바로 그것이다. 각각의 제작 방식에 대한 비교 분석은 〈표 2〉로 요약, 정리할 수 있다.

디지털 시대의 특징 중 하나인 데이터베이스를 활용한 애니메이션 제작은 분명 수많은 오퍼레이션들을 자동화시키면서 창작 기술의 자동화 시대의 장을 열었다. 또한 데이터베이스를 활용함으로써 그 데이터들을 다양한 상품에 반복해서 사용할 수 있는 강점을 가지고 있다.

	변형	확장	변이
판본생성방식	레이어 수정	시리즈화	머시니마
활용대상	배경과 오브젝트	캐릭터 중심	3D로 구현된 모든 소스
데이터단위	원자적	의미적	원자적
효과	제작비, 제작시간 단축	디지털 배우의 가능성 원캐릭터멀티스토리	1인칭 창작 자동화시대의 개막
한계	데이터 객체의 무게, 소프트웨어 간의 호환성 부족	초상권, 상표권, 지적재산권의 문제	기술적인 표현의 한계

그러나 데이터베이스 패러다임은 그것의 반복적인 사용이 전제되지 않으면 먼지 쌓인 가상세계의 도서관으로 전락할 위험을 안고 있다. 방대한 양의 데이터들이 가치 있게 사용되기 위해서 제작 방법론과 더불어 연구되어야 할 것은 바로 데이터들을 체계적으로 분류, 저장, 그리고 검색할 수 있는 라이브러리 시스템(Library system)이다. 영화나 음악과 같은 매체에서 발생한 음원과 다양한 목적 하에 촬영된 사진 데이터들이 라이브러리화 되어 있는 현실을 염두하면 애니메이션 제작을 위한 이미지 데이터들의 라이브러리화는 충분히 실현 가능하다.

문제는 데이터들의 단위를 어떻게 설정할 것인가 하는 기준의 문제와 카테고리화의 문제, 그리고 창작자가 수없이 많은 이미지들 가운데 시각적으로 원하는 적절한 이미지 데이터를 찾아내는 방법이 무엇인지에 있다. 본 연구에서는 데이터들의 라이브러리화에 대한 연구까지 그 범위를 넓히지 못한 한계를 가지고 있다. 그렇기에 카테고리의 레벨을 맞추고 다양한 저장방식을 지원하는 등의 메타 데이터(Meta data) 작업에 대한 부분은 향후 지속적으로 연구되어야 할 분야라고 여겨진다.

또한 디지털 시대의 공유와 나눔의 정신과 함께 창작자의 창작권을 인정해주는 문화도 요청된다. 카피라이트(copywrite) 문제와 카피레프트(copylest)의 문제는 어느 것 하나만 적용되어야 하는 문제가 아니라 공존해야하는 성질의 문제이다. 데이터는 공유되어야 하지만 저작권은 보호되는 것이 아니라 보상되어야 한다고 한다. 데이터들의 활용도를 산출하고 저작권료로 화폐로 환원할 수 있는 체계적이고 합리적인 기준들에 대한 연구 또한 필요하다.

결국 본 연구는 디지털 시대의 애니메이션을 연구하는데 있어 디지털에 의한 기술과 기법에 대한 연구와 더불어 디지털 기술이 가져온 문화적 변화에 초점을 맞춰 기존에 개발된 데이터들을 적극 활용할 수 있는 다양한 방법론을 제시했다는 점에서 의의가 있다.

‖ 참고 문헌 ‖

[논문 및 단행본]
김지수, 「디지털 애니메이션 산업 활성화를 위한 발전 방안 연구」, 홍익대 석사논문, 2004.
니콜라스 네그로폰테, 백욱인 역, 『디지털이다』, 커뮤니케이션북스, 2007.
레프 마노비치, 서정신 역, 『뉴미디어의 언어』, 생각의나무, 2005.
류철균, 「디지털 시대의 한국 현대문학」, 『국어국문학』 제143호, 2006.
발터 벤야민, 반성완 역, 『발터 벤야민의 문예이론』, 민음사, 2006.
빌렘 플루서, 윤종석 역, 『디지털시대의 글쓰기』, 문예출판사, 2002.
장 보드리야르, 하태환 역, 『시뮬라시옹』, 민음사, 2006.
전승일, 「디지털 애니메이션 제작 테크닉에 대한 연구」, 동국대 석사논문, 1998.
정남기, 「애니메이션 제작 시스템의 구조 변화 연구」, 서강대 석사논문, 2006.
크리스 패트모어, 최유미 역, 『애니메이션 이렇게 만든다』, 한울, 2004.

Dream Works L.L.C., SHREK From the swamp screen, Harry N. Abrams, Inc., 2004.
Ondrejka, Cory R., "Changing Realities : User Creation, Communication, and Innovation in Digital Worlds", 2005.

게임과 영화의 트랜스미디어 스토리텔링 융합 요소에 대한 연구

이동은

1. 서론

21세기 수많은 콘텐츠들은 치열한 경쟁 속에서 살아남기 위해 미디어를 이동하면서 자신의 존재와 생명력을 유지, 발전시켜가고 있다. 일례로 영화 〈스타워즈〉는 영화의 상업적 성공과 더불어 50여개가 넘는 게임들로 확장되었고 다양한 도서와 전시 콘텐츠로 재탄생되면서 수많은 팬들을 확보하고 있다. 1997년 첫 선을 보인 〈포켓몬스터〉의 경우도 276편의 TV애니메이션 시리즈와 1998년부터 거의 매년 한 편씩 내놓는 극장용 장편 애니메이션, 최근 AR을 도입하여 출시한 〈포켓몬고〉 등 다양한 게임과 머천다이징 상품들로 폭넓게 활용되면서 지금까지 명맥을 유지하고 있다.

21세기가 주목하고 있는 MIT 미디어 문화 연구가인 헨리 젠킨스

(Henry Jenkins)는 이러한 콘텐츠의 미디어 이동을 '트랜스미디어 스토리텔링(Tramsmedia Storytelling)'이라는 개념으로 설명하고, 트랜스미디어 스토리텔링이 콘텐츠의 생명력을 유지하고 지속시키는데 좋은 전략이 될 수 있음을 강조한다.

트랜스미디어 현상의 기저엔 미디어를 타고 흐르는 속성을 가지고 있는 스토리의 본질이 깔려있다. 이러한 스토리의 미디어 이동성은 디지털 시대인 현대로부터 구전의 시대로 거슬러 올라갈수록 여실히 드러난다. 구전 시대의 스토리들은 사람의 입에서 입으로 전해지면서 그 메시지를 전달했다. 마샬 맥루한(Marshall McLuhan)의 말처럼 인간이 느끼고 체험하는 모든 것이 미디어라는 전제를 적용하면 구전시대의 이러한 이야기 전달 방식은 스토리가 미디어 사이를 자연스럽게 이동하고 있는 현재의 트랜스미디어 현상과 맥을 같이 하게 된다.

또한 이 과정에서 콘텐츠는 원형 그대로가 아니라 변형 단계를 거쳐 미디어에 적용되는데 이는 구전시대의 구술자가 누구냐에 따라 이야기의 재미 요소가 배가되기도 하고 상실되기도 하는 점과 유사하다. 그러므로 실상 콘텐츠의 미디어 이동에서 중요하게 다뤄야하는 것은 트랜스미디어의 현상학적 측면이 아닌 트랜스미디어 과정에서 이루어지는 스토리텔링의 변화 요소임이 분명해진다.

그렇다고 해서 그 스토리텔링의 일정한 법칙을 밝혀내는 일은 말처럼 쉽지 않다. 창작이라는 것이 기계적인 법칙을 통해 일률적으로 일어나기 보다는 창작자의 의도와 목적, 그리고 사회와 대중 등 창작자를 둘러싸고 있는 콘텍스트(Context)에 영향을 받아 창조되는 산물이기 때문이다. 그럼에도 불구하고 본고에서는 산업적으로 성공하는 콘텐츠들은 아직 밝혀지지 않은 공통의 스토리텔링 요소들을 가지고 있다는 전제 하에 그 요소들을 밝혀보고자 한다.

연구 범위는 21세기 대중에게 가장 흡입력 있게 향유되고 있는 미디어인 게임과 영화에 한정하였다. 연구 방법은 우선 두 미디어의 재매개 양상을 통해 탄생배경과 미디어 간의 관계를 살펴보고, 이를 통해 두 미디어의 변별 요소인 게임성과 스토리성의 개념을 확립해보고자 한다. 그리고 구체적인 사례를 통해 게임성과 스토리성이 융합할 수 있는 요소들에는 어떤 것들이 있는지를 밝혀보도록 하겠다.

2. 게임과 영화의 변별요소

1) 게임과 영화의 재매개 양상

미디어 학자 볼터(Jay David Bolter)와 그루신(Richard Grusin)은 미디어는 관계적인 맥락과 역사적인 관점에서 고찰되어야한다고 얘기한다. 그들은 그들의 저서 『재매개-뉴미디어의 계보학(Remediation)』을 통해 미디어는 서로 끊임없이 영향을 주고받게 되는데, 새로 등장하는 뉴미디어는 올드미디어의 흔적을 지워버리려는 성질과 올드미디어의 특성을 전면에 내세우려고 하는 성질을 동시에 가진다고 말하고 있다. 즉, 뉴미디어는 기존 미디어를 인정하거나 경쟁하고, 개조하면서 스스로의 문화적인 의미를 획득한다는 것이다. 반면, 올드미디어는 뉴미디어를 복제하고 변형, 적용시키면서 경쟁력을 가지기 위해 자신을 개혁한다.

영화탄생의 원년이라고 받아들여지는 1895년의 영화는 사실적인 이미지를 기록하는 미디어인 사진의 성질을 계승하고, 사진의 관람방식을 변형시켰다. 즉, 영화는 사실적인 이미지를 연속으로 촬영해 그 일련의 고정된 프레임들을 스크린 상에 재생하는 원리를 가지고 탄생한 것이다. 환등기를 통한 영화의 탄생은 사진의 발달이 없었다면 불가능했을지도 모를 일이다.

그리고 뉴미디어인 게임은 최초의 현대적인 멀티미디어라고 각광받고 있던 영화를 벤치마킹하면서 지금으로부터 약 45여 년 전에 등장했다. 게임은 음향과 음성과 문자, 그리고 동영상을 모두 하이퍼매개(Hypermediacy)시킨 채 인터랙티비티(Interactivity)라는 강력한 요소를 앞세우면서 탄생했다.

영화와 게임에서의 가장 큰 변별 요소인 인터랙티비티는 수동적인 관람자를 플레이어(Player)라는 능동적이고 적극적인 행위의 주체자로 바꾸어놓는데 성공하면서 게임을 여타의 미디어와는 차원이 다른 독보적인 위치로 올려놓게 된다. 바야흐로 게임 제너레이션의 시대(The Age Of Gamer Generation)가 도래한 것이다.

게임의 이러한 적극적인 도전들은 이전까지 영상물 최고의 권위를 유지해왔던 올드미디어인 영화 산업을 위협하기 시작했다. 때문에 〈언컴프레스드(Uncompressed)〉와 같은 영화는 소형 스크린을 사용하여 관객들에게 캐릭터를 선택하여 스토리를 완성시키는 구조를 선보이는 등 인터랙티비티를 적극 수용한 콘텐츠를 제작하려는 시도를 선보였지만, 이는 너무 실험적이고 예외적인 사례로 관객들의 외면을 당하고 말았다. 〈언컴프레스드〉의 실패는 토마스 오헤이언의 말처럼 "영화는 일단 무엇을 볼 것인가라는 최초의 선택이 끝나면 철저히 수동적인 오락이 되는" 미디어의 속성을 가지고 있음을 다시금 증명해주는 계기가 되어버린 것이다.

결국, 현재의 영화는 디지털 게임의 변별 요소를 재매개하려는 욕망보다는 컴퓨터 그래픽 기술의 힘을 빌어 콘텐츠를 트랜스미디어 스토리텔링하는데 주력하려는 것처럼 보인다. 이와 같은 전략은 게임을 즐기는 게임 세대와 기성세대인 영화 세대를 모두 극장으로 향하게 할 수 있는 유일한 기회이기도 하다.

2) 게임성과 스토리성

게임이 학문으로 인정받은 역사는 그리 오래되지 않았다. 1990년부터 연구되어 온 게임 연구는 에스펜 아세스(Eespen Aarseth), 곤잘로 프란스카(Gonzalo Fransca), 야스퍼 율(Jesper Juul), 마크 르블랑(Marc LeBlanc)과 같은 게임학자(Ludologist)와 자넷 머레이(Janet H. Murray), 브렌다 로렐(Brenda Laurel) 등의 전통 서사학자(Narratologist), 그리고 서사학에 근간을 둔 브리타 니첼(Britta Neitzel), 마리 로러 라이언(Marie Laure Ryan) 등과 같은 확장 서사학자들 간의 논쟁의 역사로, 게임의 개념을 어떻게 정립시키느냐에 초점이 맞춰져 있었다. 게임학자들은 게임을 시뮬레이션(Simulation)과 룰(Rule)에 의존하는 기술기반의 미디어로 게임은 게임 그 자체로 연구, 분석해야한다는 입장을 가지는 반면 전통 서사학자들은 소설과 영화와 마찬가지로 수 년 동안 우리의 현실을 이해하고 설명하는데 의존해온 재현(Representation) 양식의 맥락에서 게임을 분석했다. 그러나 그들의 이러한 대립

양상은 그들이 연구대상으로 삼고 있는 게임이 무엇이냐에 따라, 누구의 입장에서 게임을 분석하느냐에 따라 달리 나타난 결과였다.

앤드류 글래스너(Andrew Glassner)의 말처럼 분명 구조(Structure)적으로 게임과 스토리는 매우 다른 종류의 활동이다. 그 기본 단위와 시간, 법칙 등 미디어의 구조적인 측면에도 차이가 있고, 참여자의 성격, 미디어를 경험하게 되는 동기와 향유 목적, 얻게 되는 보상까지도 본질적으로 다른 인간의 활동이다. 이와 같은 본질적인 특성의 차이는 게임과 스토리의 융합을 영원히 불가능하게 할 것처럼 보였다.

그러나 디지털의 기술발달이 이 난제를 해결해주었다. 마크 르블랑 (Marc LeBlanc)의 말처럼 디지털 게임의 출현은 게임과 스토리를 그 어느 때보다도 더 가깝게 만들어주었다. 기술의 발달은 스틸이미지, 모션그래픽, 텍스트, 음성, 3D애니메이션 등 더 많은 요소들을 게임세계에 포함시켰다. 그리고 표현할 수 있는 대상이 더욱 풍부해짐에 따라 레이싱이나 경주게임과 같은 단순 승패를 가르는 게임에도 스토리와 플롯이 첨가되어 스토리의 풍요성을 추구하기 시작했다. 스토리를 중심으로 하는 소설이나 영화의 향유가 그러하듯 게임을 플레이하는 과정에서도 드라마틱한 내러티브를 충분히 경험하고 향유할 수 있게 된 것이다. 때문에 이제 게임과 스토리는 서로 배타적이고 이질적인 성질의 것이 아닌 서로를 닮아가면서 경쟁적으로 재매개되고 있다.

이러한 환경은 게임과 스토리가 어느 것이 먼저냐는 선후관계를 따지거나 어느 것을 중심으로 해야하느냐 등의 소모적인 연구에서 게임 속에 스토리성(Storytelling)이 어떻게 융합되고, 내러티브를 중심으로 하는 영화와 같은 미디어 속에 게임성(Gameness)이 어떻게 반영되어 더 좋은 콘텐츠를 생산해내고 있는지를 연구할 계기를 만들어준다.

3. 게임과 영화 스토리텔링의 융합 요소

이제 본 고에서는 1800만개 이상의 판매고를 올린 어드벤처 게임의 대표작인 캡콤 사의 1996년 작 〈바이오하자드(Bio-hazard)〉와 이를 원작으로 삼아 영화화한 2002년 작 〈레지던트 이블(Resident evil)〉, 그리고 최근 게임 원작을 성공적으로 영화화하는데 성공한 〈사일런트 힐(Silent hill)〉의 분석을 통해 게임과 영화의 스토리텔링 융합요소를 밝혀보도록 하겠다.

1) 경쟁

모든 인류 문화는 남/녀, 상/하, 좌/우, 앞/뒤, 높음/낮음, 빠름/느림 등과 같은 이항대립적인 특징들로 구성되어 있다. 그리고 이와 같은 대립의 요소들은 독자적으로 존립하기 보다는 서로 충돌하고 접합하면서 새로운 의미나 양상을 만들어낸다. 양극의 간격이 크면 클수록 대립의 깊이는 깊어지고, 더 많은 갈등과 긴장을 불러일으키게 되는데 그것이 바로 경쟁(Contest)이다. 그리고 갈등으로 인한 경쟁은 가장 보편적인 게임의 형식임과 동시에 고전적인 스토리의 기본 형식이다.

자넷 머레이는 게임과 스토리는 서로 독립적이면서도 겹치는 부분이 존재한다고 하면서 그 요소 중 하나를 경쟁으로 뽑았다. 〈테트리스〉

나 〈체커〉와 같은 단순 승패 중심의 게임에도 편을 가르거나 적을 설정하는 등의 문제를 내포하고 있기 때문에 모든 게임에는 근본적으로 스토리성이 있다는 것이다.

이런 측면에서 본다면 게임에서의 경쟁은 게임 안에서의 캐릭터들 간의 대결을 통한 경쟁과 플레이어가 스테이지를 완수하는데 있어서 플레이어와 게임 개발자 간의 경쟁으로 크게 나뉠 수 있겠다. 이는 영화에서 위험을 무릅쓰고 주어진 목표를 달성하고자하는 인물인 프로타고니스트와 그의 행보를 방해하고 저지하는 인물인 안타고니스트 간의 대결 구도와도 일맥상통하며, 스토리 긴장의 끈을 놓지 않도록 강약을 조절하는 작가와 스토리의 세계를 파헤치려는 독자 간의 대결과도 닮아있다.

특히 이 경쟁의 요소는 게임들 중 어드벤처 장르의 게임에서 두드러지게 나타난다. 모든 어드벤처 게임에는 싸워야하는 대상인 적대자가 존재하는데 그 적대자는 플레이어가 퀘스트를 푸는 것을 방해하기도 하고 때론 그 자체가 직접 퀘스트로 분하기도 하며 플레이어의 골(Goal)을 향한 행위를 저지한다. 플레이어는 그의 액션을 방해하는 위협적인 캐릭터인 안타고니스트와의 대결, 경쟁을 통해 목적을 성취해야한다.

어드벤처 게임의 대표작인 캡콤사의 〈바이오하자드〉의 경우 미국의 중서부를 배경으로 라쿤시경의 S.T.A.R.S 알파팀이 알 수 없는 정체불명의 생물체들의 지속적으로 공격에 응하면서 저택을 빠져나오는 것을 목적으로 하는 게임이다. T-바이러스에 의해 감염이 된 저택에서 크리스 혹은 질이 된 플레이어는 위협적인 크리쳐들과 적극적인 대결 구도를 펼치게 된다. 다양한 방법으로 플레이어를 위협하는 적들에게 무기를 겨누는 것만이 경쟁에서 이기는 유일한 방법이다.

이를 영화화한 〈레지던트 이블〉의 주인공들 역시 그들의 생존 자체를 위협하고 숨통을 죄여오는 안타고니스트들로부터 벗어나기 위해 다양한 방법들을 동원하며 위험과 죽음의 순간을 모면한다. 유전자 연구소 '하이브'에서 바이러스 유출로 인해 연구소를 통제하는 슈퍼 컴퓨터 레드퀸과 바이러스와 레드퀸을 파괴시키기 위해 투입된 주인공들 사이의 경쟁은 시간제약이라는 요소까지 더해져 더욱 강력한 긴장의 스토리라인을 만들어낸다. 미로와 같은 공간에서 골이라 할 수 있는 레드퀸과 예기치 않았던 끊임없이 다가오는 의외의 적들인 언데드(Undead)들과의 대립과 경쟁은 스토리를 결말까지 몰고 가는 중심축이 된다.

그렇다면, 게임 개발자와 플레이어간의 경쟁, 그리고 영화의 작가와 관람자들 간의 경쟁은 어떠한가. 게임 〈사일런트 힐〉의 첫 스테이지에서 딸을 찾아 낯선 도시에 놓이게 된 주인공 해리는 갑작스런 공격으로 의식을 잃고 카페에서 깨어나게 된다. 카페 안에는 해리가 딸을 찾는데 필요한 아이템들이 산재되어있다. 사일런트 힐의 지도와 헬스 드링크, 부엌칼, 플래시 라이트, 그리고 괴물들의 출현을 알려주는 레이더 역할을 하는 라디오 등이 바로 그것이다. 이 아이템들은 분명 플레이어가 게임의 스테이지를 완수하는데 있어 필요한 것들이지만 게임의 개발자는 이 사실을 게임 내에서 플레이어에게 알려주지 않는다. 플레이어는 직접 카페를 돌아다니면서 아이템들을 수집하여 적절히 활용함으로써 개발자들과의 경쟁에서 승리하게 된다.

반면 영화 작가는 영화의 내러티브를 구성하는데 있어 그 전후 논리를 짜임새 있게 배치하고 복선을 교묘하게 깔아놓으면서도 관객들이 예상치 못했던 결말이나 반전을 효과적으로 드러내기 위해 관객의 관람 흐름과 경쟁한다.

결국, 게임과 영화는 경주 혹은 경쟁 양식으로 미스터리를 제공하며 스토리텔링을 하고 있는 것이다. 또한 게임 세계의 일들이나 영화 속의 일들은 진짜 삶과 영향관계가 전혀 없는 어디까지나 그 세계 안에서만 움직이는 일들이라는 진짜 세계에 대한 배타성 역시 공통으로 가지고 있다.

2) 퍼즐

두 번째 융합 요소는 퍼즐(Puzzle)이다. 퍼즐 풀이식의 조합이란 수수께끼를 풀어가듯 조각조각 나누어진 단서들을 끼워 맞춰 하나의 스토리를 완성시키는 구조를 말한다. 이러한 구조는 주로 미해결의 사건이 발생하고 주인공(플레이어)이 그 사건을 해결해 가는 과정을 미스터리하게 구성하는 것이 대부분인데, 주인공 혹은 플레이어는 치밀하게 구성된 퍼즐식의 함정과 퀘스트들을 풀면서 사건의 원인에, 사건의 진실에 한걸음 더 가까워진다.

게임 〈사일런트 힐〉의 스토리구조를 보면 이를 더 명확하게 알 수 있다. 게임의 주인공 해리는 딸 셰릴과 함께 조용한 휴양지인 '사일런트 힐'로 여행을 떠난다. 그러던 와중 갑작스런 차사고로 딸의 행방이 묘연해진다. 단지 딸을 찾을 것이라는 목적 하나로 평범한 아버지는 음산한 분위기의 마을로 들어가 알 수 없는 몬스터들과 대결을 펼친다. 그리고 게임의 스테이지를 하나씩 클리어(Clear)할 때마다 셰릴과 그녀를 둘러싸고 있는 사일런트 힐의 수수께끼가 하나씩 풀어진다. 게임의 스테이지는 진행될수록 그 난이도가 더 높아지는데 이는 드라마틱한 내러티브에서 주인공이 해결해야하는 문제들의 무게가 점점 무거워져 절정을 향해 곧장 다가가는 구조와 같은 맥락에 있다. 그리고 이 모든 장애물들을 극복했을 때, 게임 속 모든 비밀은 밝혀진다.

영화 〈사일런트 힐〉의 내러티브 구조 역시 미스테리를 풀어가는 퍼즐식으로 관객들은 주인공인 로즈에게 감정을 이입하여 위기를 모면하며 수수께끼를 푼다. 게임과 영화 모두 해결의 실마리를 주는 단서들을 곳곳에 배치하고 있다. 잿더미가 날리는 공간에 언뜻 비추었다가 사라지는 여자아이의 모습이나 다음 행보를 알려주는 'TO SCHOOL'이라는 종이 쪽지, 딸이 그린 그림의 이미지 등이 바로 그것이다. 훌륭한 탐정식의 서사물들이 그렇듯 이러한 단서들은 플레이어로 하여금 지속적인 게임 플레이 경험을 유도하고 관객들에게는 작가와의 두뇌싸움을 통해 결말에 치닫게 하는 역할을 해낸다.

게임과 영화의 스토리텔링을 융합하는데 있어서 퍼즐이라는 요소는 아리스토텔레스가 주장하는 전체를 이루고 있는 부분들 간의 인과관계를 완성시키는 데에도 중요한 작용을 한다. 즉 모든 사건은 선행하는 사건에 의해 결론지어진 결과이고 그것은 또 다른 사건을 불러일으키는 원인을 제공한다는 것이다. 이러한 측면에서 인터랙티비티에 의해 내러티브의 결론이 수많은 갈래로 갈라지는 게임의 속성은 영화 스토리텔링으로의 융합이라는 측면에서 오히려 방해가 되기도 한다. 특히 오픈 결말을 갖는 롤플레잉 게임과 이기고 지는 승패에만 초점을 맞춘 시뮬레이션/액션/스포츠/보드게임은 영화 스토리로의 융합에서 관객들의 결말에 대한 기대감을 충족시키기가 어렵다. 때문에 일부 닫힌 구조의 멀티엔딩 시스템을 구현하고 있는 퍼즐식의 요소를 갖춘 게임들이, 다시 말하면 분명한 엔딩을 가지고 있는 게임의 콘텐츠가 영화의 콘텐츠로 융합되기 용이하다.

게임 〈사일런트 힐〉의 결말은 Good+, Good, Bad+, Bad의 총 네 가지 엔딩을 보여준다. 완전히 닫힌, 단일한 방향의 결말이 아닌 플레이어의 플레이 성과, 방식에 따라 다양한 결말을 가져오는 이와 같은 시스템은 게임 플레이어로 하여금 게임을 다시 처음부터 경험하도록 유도한다. Good엔딩은 특별한 이벤트(카우프만 박사와 관련된 모터사이클 이벤트)라는 퍼즐을 맞출 때에만 나타나고 그렇지 않을 경우엔 합체된 셰릴과 엘리사에 대항해 싸워야하는 Bad엔딩을 경험하게 된다. 플레이어가 어떻게 게임을 풀어나갔는지에 따라 그 엔딩이 달라지기는 하지만, 캐릭터들의 끝을 경험하고 보게 한다는 측면에서 내러티브 서사를 완결시키는 역할을 한다.

이처럼 사건을 풀어가는 방식과 해결양상, 그리고 닫힌 엔딩구조를 갖는 형식을 가진 게임의 퍼즐 요소는 기본적으로 영화의 내러티브가 갖아야하는 조건들을 충족시키면서 그 스토리텔링의 융합에 있어 우월한 입장에 서게 된다.

3) 몰입

경쟁과 퍼즐의 요소들이 게임과 영화의 스토리텔링을 융합하는데 그 중심축이 되는 것은 사실이지만 그렇다고 해서 이 요소들을 가지고 있는 게임과 영화가 산업적 성공을 담보하는 것은 아니다. 맥루한의 이야기처럼, 내용을 담아내는 형식이 달라지면, 그 내용은 매체 특성에 맞게 변화되어야하기 때문이다. 그리고 이러한 변형은 게임과 영화라는 각각의 미디어 특성과 유저(User)의 경험적 감정의 결과에 기반 한다. 즉 유저의 적극적인 선택과 향유를 목적으로 하는 게임과 영화는 모두 유저의 몰입상태를 추구한다는 것이다. 헌데, 콘텐츠의 스토리를 융합하는데 있어서 염두해 두어야 하는 것은 바로 이 두 미디어의 몰입 개념에 차이가 있다는 점이다.

영화에서의 몰입은 미디어를 향유하고 있는 동안 현전감(Sense of Presence)을 강화시키는 것으로 관람객이 스크린이라는 물질적 매체를 잊어버리게 하는데 그 초점이 맞춰져있다. 미디어를 사라지게 하고 영화 속 이야기를 진짜 현실의 이야기처럼 느끼게 함으로써 몰입(Immersion)에 이르게 하는 것이다. 관람객들은 적어도 영화를 보는 시간 내에는 자신이 처한 현실, 심지어 극장에서 영화를 보고 있다는 상황마저 잊어버리고 자아를 버린 채 영화 속 세계로 들어간다. 그리고 영화 속 캐릭터에게 자신의 감정을 전이시킨 채 영화의 스토리텔링을 향유한다.

반면 게임에서의 몰입은 미하이 칙센트미하이(Mihaly Csikszentmihalyi)가 언급하는 몰입(Flow)의 개념으로 대부분 명확한 목표, 정확한 규칙, 신속한 피드백이라는 활동을 할 때 생겨나는 '그것'이다. 게임에 이 개념을 적용해보면 플레이어는 디바이스를 통해 직접 스토리에 개입하게 되는데 이때 게임의 캐릭터에 플레이어의 캐릭터(성격, 능력 등)가 녹아들면서 자연스러운 몰입 상태로 빠져드는 것이다. 즉, 게임 〈툼레이더〉의 라라 크로포트를 실제 인물이라고 착각하는 사람은 없지만, 게임을 플레이하는 동안 경험의 효율성은 게이머가 얼마나 잘 라라크로 프트가 되느냐에 달려있다. 정리하면 영화는 관람객이 캐릭터의 밖에 있고, 게임은 플레이어가 메인 캐릭터 그 자신이 되는 현상을 빚어내면서 몰입상태를 유도한다고 할 수 있겠다.

두 미디어의 이러한 몰입의 차이는 역시 스토리텔링의 차이를 만들어낸다.

게임과 영화의 동명 타이틀인 〈사일런트 힐〉은 주인공의 성별을 변화시키면서 몰입을 유도한다. 게임에서 평범한 아버지였던 해리는 영화에서 가녀린 모습의 엄마 로즈로 분한다. 여성 주인공은 다양한 크리쳐들과의 대치 상황에서 긴장감을 높이고 위기감을 조성하기에 적절하다. 또한 기괴한 분위기의 마을에서 입양아인 딸아이를 찾기 위해 도저히 감당하지 못할 것 같은 위험을 무릅쓰는데서 감동을 자아낼 수 있는 것은 모성애만큼 좋은 것이 없다.

캐릭터의 성별 전환에 더불어 몰입감을 높이는 데에는 아이템을 소유하고 있는지 아닌지도 그 스토리텔링에 있어 전략적인 차이를 보인다. 〈사일런트 힐〉 게임에서 해리는 자신을 방어하고, 오히려 좀비들을 향해 선제공격 할 수 있는 여러 가지 아이템들을 가지고 있다. 처음부터 아무런 정보도 없이 시빌(여자 경찰관)에게서 권총을 부여받게 되는 주인공 해리, 아니 플레이어는 다양한 무기들과 도구들을 이용하여 플레이어 자신의 콘트롤(Control) 능력을 과시하면서 몬스터를 공격한다. 또한 미지의 공간인 사일런트 힐의 지도도 소유할 수 있어 적극적이고 공격적인 플레이를 진행한다.

그러나 영화에서는 주인공에게 부여되는 이 아이템들을 모두 삭제

해버린다. 무시무시한 크리쳐가 로즈를 향해 거리를 좁혀올 때에도 그녀가 할 수 있는 일이라고는 전속력으로 뛰면서 도망을 가거나 벽에 바짝 붙어 얼굴을 돌리는 일 뿐이다. 심지어 딸아이의 행방을 찾기 위해 병원의 지하로 내려갈 때에도 그녀가 가지게 되는 유일한 무기는 손전등 하나이다. 손전등 하나로 공격과 수비를 모두 해야 하는 처지에 놓이고, 앞도 잘 보이지 않는 어둠과 공포 속에서 지도마저 머리로 암기해야한다. 이러한 영화 속 설정들은 좀비들의 위협이 언제 어디서 나타날지 모른다는 위기감을 조성하면서 관객의 심리를 더욱 죄이게 만들어 안타고니스트에게 계속 공격을 받는 주인공에 동정심을 느끼고 감정을 이입할 수 있는 여지를 만들어준다.

〈레지던트 이블〉역시 마찬가지이다. 게임 〈바이오 하자드〉에서는 남녀의 캐릭터를 선택해서 플레이 할 수 있도록 스토리텔링 되어있지만, 영화에서의 주인공은 역시 여자 캐릭터이다. 그리고 그녀는 〈사일런트 힐〉의 로즈보다는 조금 더 공격적이고 신체적으로 강인하며 본능적인 방어력을 지니고 있긴 하지만 영화의 중반부까지 권총 한 자루 건네받지 못한 채 간간히 떠오르는 그녀의 기억만으로 적에게 대항하고 연구소 하이브에서 빠져나가야 하는 임무를 가진 인물로 묘사된다. 이런 캐릭터의 변형된 스토리텔링은 관람객에게 자신을 전이시키고 2시간여의 러닝타임 내내 몰입할 수 있는 여건을 만들어준다.

4) 비주얼 이미지

게임과 영화의 콘텐츠를 융합하는데 있어 내러티브 스토리텔링과는

<게임
<툼레이더>

영화
<툼레이더>

게임
<사일런트 힐>

영화
<사일런트 힐>

Transmedia Storytelling

게임
<바이오하자드>

영화
<레지던트이블>

〈그림 1〉 게임과 영화의 비주얼 이미지 변화

달리 이미지 스토리텔링은 큰 변화 없이 지속성을 유지하는데 힘쓰는 것처럼 보인다. 오히려 변화를 부정하고 원작이 무엇이든지간에 원작의 이미지를 최대한 모방하는 경향까지 보이기도 한다. 원작의 이미지를 유지하려는 노력은 배우를 선택하는데 있어서 뿐 아니라 배우의 의상과 헤어, 분장 등을 설정하는데 있어서도 그 연관성을 부여한다. 특히 〈툼레이더〉의 여전사 라라 크로포드는 마치 배우 안젤리나 졸리의 모습을 염두하고 디자인을 한 것처럼 느껴질 정도로 그 모습이 유사하다. 더불어 이미 제작되었거나 현재 제작되고 있는 몇몇 게임과 영화는 캐릭터를 디자인하는 기획단계에서 이미 기존의 배우의 이미지와 모습, 버릇까지도 그대로 모방하기도 한다.

이러한 특징은 인간 인식 속에 자리하는 시각적인 정보력을 입증하는 것이다. 한번 구체화된 이미지는 잘 지워지지 않을 뿐 아니라 영속적인 힘을 가지게 된다. 그렇기에 미디어 확장을 통한 콘텐츠의 변형 시에는 새롭고 독창적인 이미지들을 만들어내는 위험을 감행하는 것보다는 이전 미디어 속에 녹아있는 이미지들을 면밀히 분석하여 적용할 필요성이 대두된다.

4. 결론

지금까지 본 연구에서는 다양한 미디어 중에서도 특히 게임과 영화의 두 미디어가 그들 고유의 특성인 게임성과 스토리성을 어떻게 융합하면서 새로운 콘텐츠를 만들어가고 있는지를 살펴보았다. 서로 융합할 수 없을 것만 같았던 게임성과 스토리성은 공통으로 가지고 있는 경쟁과 퍼즐이라는 두 요소와 각기 다른 양상을 보이는 몰입감을 극대화하기 위해 스토리텔링을 변형시키면서 스스로를 개혁하고 있다.

이는 21세기의 수많은 콘텐츠들이 치열한 경쟁 속에서 살아남기 위해 미디어를 이동하면서 새롭게 재등장하는 문화적 속성과도 연결된다. 빈번하게 이루어지는 콘텐츠들의 융합에서 염두 해야 하는 것은 역시 콘텐츠를 그대로 가져오는 것이 아니라 적용되는 매체의 특성에 맞게 변형하여 스토리텔링을 해야 한다는 점이다.

본 연구는 비록 어드벤처 장르의 게임과 영화를 분석하는데 그쳐 보편적인 스토리텔링의 요소들을 밝히지 못한 아쉬움을 갖고 있지만, 산업적으로 성공한 콘텐츠의 스토리텔링 융합 요소를 살펴보는 시도를 했다는 점에서 앞으로도 꾸준히 진행될 미디어 콘텐츠간의 이동에 있어 그 스토리텔링의 미약한 거름으로 그 의미를 찾을 수 있을 것이다.

문화 산업적인 측면에서 하나의 콘텐츠가 미디어를 타고 흐르는 현상은 그 콘텐츠를 향유할 수 있는 타겟을 더 다양하게 확보할 수 있고 콘텐츠의 생명력을 지속시킬 수 있다는 점에서 큰 가치를 가진다.

결국, 21세기의 미디어 연구가 콘텐츠들의 트랜스미디어 스토리텔링에 주목해야하는 이유가 바로 여기에 있다.

참고 문헌

[논문 및 단행본]

로버트 맥기, 고영범 역, 『시나리오 어떻게 쓸 것인가』, 황금가지, 1997.

린다 카우길, 김상호 역, 『시나리오 구조의 비밀』, 시공아트, 2003.

마샬 맥루한, 김상호 역, 『미디어의 이해』, 민음사, 1964.

미하이 칙센트미하이, 이희재 역, 『몰입의 즐거움』, 해냄, 1999.

민병록 · 이승구 · 정용탁, 『영화의 이해』, 집문당, 2005.

아리스토텔레스, 이상섭 역, 『시학』, 문지스펙트럼, 2005.

앤드류 글래스너, 김치훈 역, 『인터랙티브 스토리텔링』, 커뮤니케이션북스, 2006.

자넷 머레이, 한용환 역, 『인터랙티브 스토리텔링』, 안그라픽스, 2001.

제이 데이비드 볼터 · 리처드 그루신, 이재현 역, 『재매개―뉴미디어의 계보학』, 커뮤니케이션
　　　북스, 2006.

David Thorburn & Henry Jenkins, *Rethinking Media Change*, The MIT Press, 2003.

Henry Jenkins, *Convergence Culture*, NYU, 2006.

Henry Jenkins, "Transmedia Storytelling", *Technology Review*, 2003, www.technologyreview.com.

Janet H. Murray, "From game-story to Cyberdrama", *First Person*, The MIT Press, 2004.

Marc LeBlanc, "Tools for Creating Dramatic Game Dynamics", *The Game Design Reader*, The MIT
　　　Press, 2006.

퍼즐 게임 플레이에 나타난 엔트로피 감소의 시뮬레이션

윤혜영

1. 서론

퍼즐 게임(puzzle game)[1]은 게임 연구의 내러톨로지와 루돌로지 논쟁에서 루돌로지 진영의 선봉에 위치해있었다. 아무것도 재현하지 않고 어떤 것도 이야기하지 않는 퍼즐 게임의 플레이에서 중요한 것은 '규칙'이기 때문이다. 프라스카(Frasca)는 이와 같은 내러톨로지와 루돌로지의 대립을 재현과 시뮬레이션 개념으로 풀어낸다. 프라스카에 따르면 시뮬레이션과 재현은 현실을 다루는 두 가지 다른 방법이다. 지금까지 인간은 재현과 내러티브를 통해 현실을 이해해왔지만, 컴퓨터의 등장으

---

1 퍼즐 게임에는 다양한 유형이 존재하지만 본 논문에서는 퍼즐 게임 중에서도 가장 보편적인 장르인 타일 맞추기 퍼즐 게임으로 그 연구대상을 한정한다. 타일 맞추기 퍼즐 게임(tile-matching puzzle game)은 타일을 모두 없애기 위해 규칙에 따라 이를 조작하는 비디오게임을 지칭한다. Jesper Juul, 이정엽 역, 『캐주얼 게임』, 커뮤니케이션북스, 2012. 116.쪽.

로 현실을 이해하는 새로운 방식을 제공받게 되었다. 그것이 바로 시뮬레이션이다.

시뮬레이션은 A 시스템을 덜 복잡한 B 시스템으로 모델화하는 행위이다.[2] 내러티브와 달리 시뮬레이션은 역동적인 시스템에 대한 직접적인 경험을 제공한다. 프라스카는 〈심시티(Simcity)〉가 실제 도시의 시스템을 모델화한 것이라고 본다. 〈심시티〉는 시뮬레이션인 동시에 재현적이기 때문에 이 게임이 도시의 시스템을 모델화하고 있다는 것은 누가 보아도 명백하다. 하지만 퍼즐 게임의 경우 게임을 구성하는 기호들의 추상성 때문에 무엇을 모델화하고 있는지 쉽게 판단되지 않는다. 이와 같은 판단의 어려움은 퍼즐 게임이 실제의 어떤 것도 재현하거나 시뮬레이션하지 않는다는 결론으로 이어지고, 퍼즐 게임은 연구 가치가 없는 대상으로 치부되고 만다.

이와 유사한 사례가 현대미술의 역사에서도 나타난다. 추상회화가 등장하면서 대중은 추상회화의 조형적 미를 칭송하지만 동시에 작품이 의미하는 바를 알 수 없다는 소통불능을 경험한다. 퍼즐 게임과 마찬가지로 재현적이지 않기 때문에 겉으로 보기에 아무런 의미도 갖고 있지 않는 것처럼 보인다. 아른하임(Arnheim)은 물리학의 엔트로피 개념을 통해 추상회화의 무의미성을 설명하고 추상회화를 이해하는 독특한 사유의 방식을 제시한다. 아른하임은 추상회화의 외적으로 혼란해 보이는 무작위성은 무질서와 무의미를 나타내는 것이 아니라 어떤 의미 있는 질서를 묘사하기 위해 의도된 것이라고 말한다.[3] 아른하임은 이러한 관

---

2   Gonzalo Frasca, 김겸섭 역, 『억압받는 사람들을 위한 비디오 게임』, 커뮤니케이션북스, 2008, 111쪽.

점에서 추상미술을 무질서를 향해 나아가는 물질적 세계와 질서를 추구하는 인간 사이의 모순을 해소하는 대상으로 본 것이다.

엔트로피(entropy)는 열로 전환되는 과정에서 질적으로 저하된 에너지의 양을 의미한다.[4] 그리고 엔트로피는 닫힌 계에서 항상 증가한다는 것이 열역학 제2법칙 엔트로피의 법칙이다.[5] 이때 닫힌 시스템의 엔트로피 증가 정도는 이 시스템을 하나의 전체 즉, 場으로 볼 때만 파악 가능하다. 퍼즐 게임 역시 플레이어가 하나의 기호를 조작하면 場 전체가 변화하는 닫힌 계이다. 따라서 엔트로피 개념을 통해 퍼즐 게임을 고찰하는 것은 퍼즐 게임의 플레이의 의미를 밝히는 데 적합한 방향이 될 수 있다.

본 논문은 아른하임의 추상미술 논의를 전례로 삼아 퍼즐 게임의 플레이를 분석해보고자 한다. 겉으로 보기에 단순하고 반복적으로 보이는 퍼즐 게임을 플레이어들이 몰입적으로 그리고 지속적으로 플레이할 수 있는 데는 그 이면에 어떤 강력한 원리가 작동하고 있다고 볼 수 있기 때문이다. 따라서 본 논문은 엔트로피 개념을 적용하여 퍼즐 게임 플레이를 분석하고 이를 통해 퍼즐 게임 플레이의 원동력을 밝혀보고자 한다.

지금까지 퍼즐 게임은 게임 연구에서 단순하고 반복적인 게임으로 치부되며 재현적 이미지와 서사적 플레이를 중심으로 하는 MMORPG와 같은 게임에 비해 중요하게 다뤄지지 못했다. 게임에서 서사보다 시

---

3   Rudolf Arnheim, 정용도 역, 『예술과 엔트로피』, 눈빛, 1995, 68쪽.

4   Alekseev G. N., 이병식 역, 『에너지와 엔트로피』, 일빛. 2001, 11쪽.

5   곽영직, 『열과 엔트로피』, 동녘, 2008, 133쪽.

뮬레이션을 강조한 프라스카조차도 퍼즐 게임을 게임의 '규칙'을 강조하기 위한 사례로만 사용했을 뿐이다. 이처럼 단순 사례로만 다뤄지던 퍼즐 게임을 본격적으로 논의한 학자는 율(Juul)이다. 율은 기존의 하드코어 게임(hardcore game)에 대비되는 이른바 캐주얼 게임(casual game)에 관한 논의에서 퍼즐 게임에 주목한다. 율은 퍼즐 게임에 대해 '환호는 없지만 인기 있는 장르'라는 흥미로운 표현을 사용한다.[6] 이것은 퍼즐 게임이 지속적으로 플레이 되어 왔지만 연구자에게 가치 있는 연구대상으로 인정받지 못했다는 의미이기도 하다.

실제로 퍼즐 게임을 다룬 논문들을 살펴보면 퍼즐 게임 개발을 위한 수학적 알고리즘 생성에 관한 연구와 같이 공학적 측면의 연구가 주를 이룬다.[7] 또한 퍼즐 게임의 알고리즘을 수학 교육에 활용하고 그 교육적 효과를 측정한 연구가 있다.[8] 이러한 연구들은 퍼즐 게임의 플레이를 다룬 연구라기보다는 퍼즐의 원리에만 초점을 맞춘 연구라고 볼 수 있다. 어드벤처 게임에서 퍼즐이 게임에 대한 몰입에 기여하는 바를 고찰한 연구도 있지만 어디까지나 보조적 장치로서 퍼즐을 논한다.[9] 하지만 게임의 연구는 게임 콘텐츠와 플레이어의 접촉면에서부터 시작되어야 한다. 디지털 게임은 기호 해석이라는 플레이어의 활동이 더해짐으로써 비로소 그 의미가 실현되는 텍스트이다.[10] 수학적 알고리즘

---

6 Jesper Juul, 이정엽 역, 『캐주얼 게임』, 커뮤니케이션북스, 2012, 116쪽.
7 김한태, 「퍼즐 게임 환경에서 최적해 발견을 위한 휴리스틱 트리 탐색 알고리즘」, 한양대 석사논문, 2013.
8 전석진, 「퍼즐 게임 유형이 학습자의 인지 발달 단계에 따라 사고력과 몰입에 미치는 효과」, 한국교원대 석사논문, 2008.
9 이인선, 「어드벤처 게임의 퍼즐 시스템이 플레이어의 게임 몰입과 참여도에 미치는 영향」, 『한국게임학회논문지』 제8권 제4호, 한국게임학회, 2008.
10 류철균·조성희, 「기호 해석 활동으로서의 게임 플레이 연구」, 『한국게임학회논문지』 제9권 제3

이라는 퍼즐 게임의 내적 원리는 실제로 플레이어가 퍼즐 게임을 플레이할 때 경험하게 되는 원리와 동일하지 않다. 바로 퍼즐 게임의 알고리즘이 플레이어의 플레이를 통해 어떻게 경험되는지를 고찰할 수 있어야 퍼즐 게임의 게임성에 대해 논의할 수 있다.

또한 디지털 게임이 등장한 이후 다양한 형태의 게임들이 등장했다가 사라지기를 반복했음에도 불구하고, 퍼즐 게임은 1985년 〈테트리스〉가 등장한 이후로 지금까지 계속해서 플레이되고 있다. 뿐만 아니라 소셜 네트워크 플랫폼의 발달로 게임의 패러다임이 하드코어 게임에서 퍼즐 게임과 같은 캐주얼 게임으로 전환되었다. 이러한 시점에서 퍼즐 게임을 플레이하도록 하는 원동력에 대한 인문학적 고찰은 의의를 가질 수 있을 것으로 본다.

연구대상으로는 퍼즐 게임 〈비주얼드(Bejeweled)〉[11]와 〈테트리스(Tetris)〉[12]를 선택한다. 두 게임은 퍼즐 게임의 원형으로 평가받는 〈세임 그놈(Same Gnome)〉(1985)과 〈테트리스〉(1985)의 변형으로 대표성을 갖는 게임이다.[13] 〈세임 그놈〉과 〈테트리스〉의 경우 게임 플레이 측면에서 유사성과 차이를 보이며 지금의 형태로 발전되어 왔다. 〈세임 그놈〉과 〈테트리스〉의 플레이 측면에서의 유사성과 차이점을 정리하면 〈표 1〉과 같다.

호, 한국게임학회, 2009.

11   PopCap社에서 2001년 출시됨.
12   EA Swiss Sarl社에서 2011년 출시됨.
13   율은 퍼즐 게임의 계보 연구에서 두 게임을 퍼즐 게임의 원형으로 밝힌 바 있다.

<표 1> Comparison of Game Play Component between 〈Same Gnome〉 and 〈Tetris〉

	〈Same Gnome〉	〈Tetris〉
abstract sign	six different color circles	six different color and shape blocks
rule	collecting same color circles	piling up blocks without empty space
sign operation system	position change	falling block control

〈세임 그놈〉의 같은 색 맞추기라는 특징은 이후 〈퍼즈닉(Puzznic)〉(1989), 〈매직 주얼리(Magi Jewelry)(1990), 〈파넬 드 퐁(Panel de Pon)〉계보를 이어오다가 〈비주얼드〉(2001)가 출시되면서 정형화된 형태로 자리 잡는다.[14] 〈비주얼드〉는 '자리 바꿈'을 통해 같은 색의 타일을 세 개 모아 사라지게 한다는 〈세임 그놈〉의 규칙을 그대로 따르고 있다. 차이가 있다면 〈세임 그놈〉이 타일들을 사라지게 함으로써 모든 타일을 없애는 것으로 게임을 종결시키고, 〈비주얼드〉는 타일이 사라질 때마다 새로운 타일을 투입함으로써 항상 화면이 가득 차 있도록 한다는 것이다. 〈비주얼드〉의 이와 같은 규칙은 이후 〈주얼 퀘스트(Jewel Quest)〉(2004), 〈빅 카우나 리프(Big kahuna Reef)〉(2004) 등에 영향을 미치며 퍼즐 게임의 전형으로 자리 잡는다. 한편 〈테트리스〉의 경우 1985년 출시 이후로 〈세임 그놈〉처럼 규칙의 변형을 거치지 않고 독립적인 형태로 현재까지 플레이되고 있으며, 연구대상으로 삼은 2011년 작 〈테트리스〉의 경우에도 초기 〈테트리스〉의 규칙을 그대로 차용한 게임으로 평가받는다. 이를 근거로 〈비주얼드〉와 〈테트리스〉가 퍼즐 게임 연구를 위한 대상으로 대표성을 갖는다고

---

14   Jesper Juul, 이정엽 역, 『캐주얼 게임』, 커뮤니케이션북스, 2012, 119쪽.

판단하였다.

먼저 2장에서는 아른하임의 엔트로피 논의를 통해 〈비주얼드〉와 〈테트리스〉에 나타나는 추상적 기호와 시스템으로서의 플레이 場의 관계를 분석해보고, 3장에서는 이러한 게임 플레이가 갖는 의미를 고찰해보고자 한다. 이러한 연구는 퍼즐 게임 플레이의 원동력에 대한 인문학적 고찰을 가능하게 하고 향후 퍼즐 게임 개발과 연계해 의의를 지닐 수 있을 것으로 본다.

2. 퍼즐 게임의 추상적 기호와 플레이 장(場)

퍼즐 게임의 조작 가능한 기호들이 지니는 추상성은 퍼즐 게임의 플레이가 하나의 장(場)을 형성한다는 것과 관련이 깊다. 재현적 게임인 MMORPG에서 조작 가능한 기호인 아바타는 재현적 기호로서 기호가 지시하고 있는 대상체와 닮아 있다. 도상기호로서 아바타는 그 자체로 게임 속의 어떤 기능을 의미한다. 예를 들어, 아바타의 의상은 게임 안에서 아바타의 역할이 기사인지 혹은 마법사인지를 결정한다. 물론 퍼즐 게임의 경우에도 일부 게임에서 동물 이미지와 같은 재현적 이미지를 차용하기도 한다. 하지만 이것은 일반적인 퍼즐 게임에서 기호들 간의 색이나 모양을 다르게 하는 것과 마찬가지로 다른 기호와의 구별을 위한 하나의 방식일 뿐이다. 예를 들어, 〈애니팡〉에 사용되는 서로 다른 동물 형상의 기호들은 서로 간의 구별을 위한 것일 뿐 게임 상의 차별화된 어떤 기능을 의미하지는 않는다. 이처럼 퍼즐 게임에서 조작 가능한 기호 각각의 재현적 성질은 중요하지 않다. 퍼즐 게임의 기호는 기호 그 자체가 어떤 의미와 기능을 갖고 있기 보다는, 다른 기호들과의 관계 속에서만 의미를 갖으며 전체 플레이 장 속에서만 그 의미가 분명히 파악되기 때문이다. 즉, 퍼즐 게임의 플레이는 장의 형성을 전제로 한다.

물리학에서 장(field, 場)은 현대 물리학이 뉴턴의 물리학에 맞선 최초의 개념이다. 뉴턴 물리학에서 힘은 그것이 작용하는 물체에만 한정된 것이었다면, 패러데이와 맥스웰은 힘을 하나의 물체와 결부되지 않는 미묘한 장의 개념으로 파악한다.[15] 예를 들어, 자기장의 경우와 같이 하나의 입자가 음극으로 변화하게 되면 주변의 다른 입자들에게도 영향을 미치는 것이다. 이러한 장의 개념은 엔트로피 법칙의 닫힌 시스템 개념과 상통한다. 엔트로피의 법칙에 따르면 하나의 닫힌 공간, 닫힌 시스템 안에서 물질과 에너지는 한 방향으로만, 즉 사용이 가능한 것에서 사용이 불가능한 것으로, 또는 질서 있는 것에서 무질서한 것으로 변화한다.[16] 물질이라는 관점에서 엔트로피의 증가는 질서에서 무질서로 나아가는 것이고, 에너지의 관점에서 엔트로피의 증가는 가용성에서 불가용성으로 나아가는 것이다. 이때 엔트로피의 증가는 개별적인 물질과 에너지의 움직임에 의해 파악되는 것이 아니라, 물질과 에너지들 간의 관계가 만들어내는 전체 시스템의 상태에 의해서 파악된다. 아른하임 역시 질서라는 것은 장(場)이라는 조건하에만 획득될 수 있는 물리적 힘들의 가시적 결과라고 말한다[17]

---

15   Fritjof Capra, 김용정·이성범 역, 『현대 물리학과 동양사상』, 범양사, 2006, 87쪽.
16   Jeremy Rifkin, 최현 역, 『엔트로피의 법칙』, 범우사, 1983, 25쪽.

퍼즐 게임의 플레이도 이와 같은 장의 관점에서 이해할 수 있다. 플레이어에 의해 퍼즐 게임의 기호에 힘이 가해지면 그 결과는 해당 기호에만 한정되는 것이 아니라 다른 기호의 의미에까지 영향을 미치고 나아가 게임 장 전체에 영향을 미친다. 이와 같은 플레이 장은 퍼즐 게임에 공통적으로 나타나지만 그 양상은 〈비주얼드〉와 〈테트리스〉에서 차이를 보인다.

1) 〈비주얼드〉에 나타난 가용성 지향의 플레이 장(場)

퍼즐 게임 〈비주얼드〉는 여섯 가지 다른 색과 모양을 가진 추상적 기호들로 구성되어 있으며, 같은 기호 세 개 이상을 연속적으로 배열할 수 있는 경우에만 상하좌우 주변 기호들과의 자리 바꿈이 가능한 게임 규칙을 가지고 있다. 하지만 이 여섯 가지 기호의 외형적 차이는 그 자체로 어떤 게임 상의 의미 차이를 내포하고 있지 않다. 예를 들어, 주황색 기호가 노란색 기호에는 없는 어떤 게임 상의 의미를 가지고 있지 않다. 이 기호들의 의미 차이는 오로지 플레이가 진행됨에 따라 변화하는 기호들 간의 관계에 의해서만 결정된다.

예를 들어, 〈그림 1〉의 좌측 그림 표시영역을 보면 삼각형 기호는 오른쪽의 원형 기호와 자리 바꿈이 가능하다는 의미를 갖는다. 이러한 삼각형 기호의 의미는 자리 바꿈이라는 플레이를 유도하고 점수의 획득이라는 보상의 제공으로 이어진다. 하지만 한 번의 자리 바꿈이 일어난

---

17   Rudolf Arnheim, 정용도 역, 『예술과 엔트로피』, 눈빛, 1995, 13쪽.

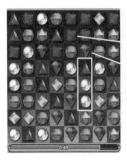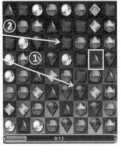

〈그림 1〉 Change of Play Field of the 〈Bejeweled〉

후에 삼각형 기호는 전혀 다른 의미를 갖게 된다.

〈그림 1〉의 우측 그림 표시영역을 보면 한 번의 자리 바꿈 이후에 삼각형 기호의 의미는 주변의 어떤 기호와도 자리 바꿈할 수 없는 것으로 변화한다. 반면 〈그림 1〉의 화살표 ①을 보면 삼각형 기호와 원형 기호의 자리 바꿈은 삼각형 기호 상단에 있던 오각형 기호의 위치를 바꿈으로써 오각형 기호의 의미를 자리 바꿈이 불가능한 기호에서 자리 바꿈이 가능한 기호로 변화시킨다. 또한 〈그림 1〉의 화살표 ②를 보면 사각형 기호는 자리 바꿈이 불가능한 기호에서 자리 바꿈이 가능하며 네 개의 사각형 기호를 없앨 수 있는 기호의 의미를 갖게 된다. 이처럼 삼각형 기호와 원형 기호의 자리 바꿈은 두 기호 간의 의미 변화에만 국한되는 것이 아니라 주변의 다른 기호들의 의미를 변화시키고 나아가 전체 플레이 장(場)의 의미를 변화시킨다. 플레이 장은 6건의 자리 바꿈 가능성을 가진 장에서 9건의 자리 바꿈 가능성을 가진 장으로 변화한다.

이때 각각의 기호들은 '자리 바꿈 가능'과 '자리 바꿈 불가능'이라는 의미 사이를 오가며 전체 장을 변화시킨다. 따라서 〈비주얼드〉라는 게임에서 높은 점수를 얻기 위해서는 '자리 바꿈 가능'한 기호들을 확보하고 끊임없이 자리 바꿈이 이루어지도록 하는 데 있다. 여기서 '자리 바꿈의 가능성'은 엔트로피 법칙에서 에너지의 가용성과 상통한다. 인간의 물리적 세계는 엔트로피가 증가하는 방향으로, 즉 가용했던 에너지가 불가용한 에너지로 변화하는 방향으로 흘러간다. 〈비주얼드〉에서 게임이 지속되고 높은 점수를 얻으려면 플레이어는 지속적으로 엔트로피가 증가하는 '자리 바꿈 불가능'한 장 속에서 '자리 바꿈 가능'한 장으로 바꾸려는, 즉 가용한 에너지를 증가시키려는 노력을 계속해야 한다. 플레이 장에서 더 이상 서로 자리를 바꿈할 기호들이 존재하지 않을 때, 게임의 엔트로피는 최고에 달하며 플레이어는 더 이상 게임을 플레이할 수 없게 된다.

〈비주얼드〉의 플레이 장에서 엔트로피는 에너지와 그것의 가용성 관점에서 바라보아야 한다. 겉으로 보기에 〈비주얼드〉의 플레이 장은 게임을 플레이하기 전이나 플레이가 한참 진행된 후나 같은 수준의 무작위성을 지닌 것으로 보인다. 하지만 플레이어는 그 무작위성의 이면에서 '자리 바꿈'이라는 운동의 변화를 읽어낸다. 〈비주얼드〉의 플레이어는 끊임없이 추상적 기호를 조작함으로써 '자리 바꿈 가능성'을 높이려 한다. 퍼즐 게임은 끊임없이 '자리 바꿈 불가능'한 플레이 장을 추구하는 게임 시스템과 '자리 바꿈 가능'한 플레이 장을 추구하는 플레이어의 의지가 대결하는 장소, 가용성 지향의 플레이 장이라고 할 수 있다.

2) 〈테트리스〉에 나타난 단순성 지향의 플레이 장(場)

〈테트리스〉 역시 〈비주얼드〉와 마찬가지로 여섯 가지 다른 색과 모양을 가진 추상적 기호들로 구성되어 있다. 하지만 〈비주얼드〉와는 달리 상단에서 떨어지는 기호의 조작을 통해 하단에 위치해있는 기호들

사이의 빈 공간을 채움으로써 가로줄이 채워지면 사라지는 구성을 갖고 있다. 〈테트리스〉의 조작 가능한 기호들의 경우에도 외형적 차이 그 자체로 게임 상의 의미 차이를 내포하고 있지 않다. 예를 들어, ㄴ자 형태의 기호가 ㅣ자 형태의 기호보다 더 우월한 기능을 갖고 있지 않다. 기호들은 전체 플레이 장과의 관계에 따라 기능적으로 더 우월하다고 판단되기도 하고 그렇지 않다고 판단되기도 하다.

〈비주얼드〉에서 하나의 기호가 자리 바꿈할 때마다 그 영향으로 다른 기호들의 의미가 바뀜으로써 플레이 장이 형성되었다면, 〈테트리스〉의 경우 이와는 다른 방식으로 플레이 장을 형성한다. 우선 〈테트리스〉의 경우 〈비주얼드〉에서처럼 조작 가능한 기호들이 장을 가득 채우고 있지 않고, 스크린 상단에서 하나의 조작 가능한 기호가 하강한다. 스크린 상단에서 하강하는 조작 가능한 기호는 하단에 고정되어 있는 기호들이 어떠한 지형으로 배열되었는가에 따라 그 가치가 결정된다.

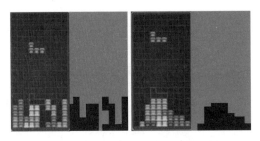

〈그림 2〉 Comparison of Play Fields of the 〈Tetris〉

예를 들어, 〈그림 2〉의 좌측 그림에서처럼 화면 하단에 세로로 긴 공간이 존재한다면, 굴곡이 많은 모양의 기호보다는 세로로 긴 모양의 도형이 더 유리할 것이다. 반면 〈그림 2〉의 우측 그림의 경우에는 굴곡이 많은 기호 또는 세로로 긴 가호 중 어떠한 기호가 나오더라도 막힌 빈 공간을 만들지 않고 가로줄을 채울 수 있다.

결국 〈테트리스〉라는 게임을 플레이한다는 것은 하강하는 기호들을 전체 場과의 관계 속에서 가장 단순한 형태의 지형을 구축해나가는 것

을 의미한다. 예를 들어, 〈그림 2〉의
좌우 그림은 실제 플레이 장을 기호들
로 점유된 공간과 점유되지 않은 배경
의 공간으로 단순화해놓은 것이다 이
때 좌측의 들쑥날쑥한 지형을 오른쪽

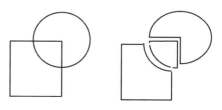

〈그림 3〉 Example of Gestalt Law

의 비교적 안정적인 지형과 비교해봤을 때, 상대적으로 왼쪽 플레이 장
의 플레이어가 게임에 실패할 가능성이 높다는 것을 알 수 있다. 아른
하임에 따르면 모든 지각은 무엇인가를 이해하려는 욕망과 관련이 있
으며, 간결하고 질서정연한 구조가 인간의 이해를 더 쉽게 한다. 그렇
기 때문에 인간의 정신은 무언가를 지각할 때 가장 단순한 구조가 나오
도록 사실적 패턴들을 자발적으로 조직화한다.[18]

예를 들어, 〈그림 3〉은 사실적 패턴을 지각하는 두 가지 다른 방식을
보여주는데 좌측 그림처럼 원과 사각형이 겹쳐 있다고 이해하는 것이
우측 그림처럼 세 개의 다른 도형들이 연결되어 있다고 이해하는 것보
다 더 쉽고 단순하다. 아른하임은 이해하기 쉽도록 사실적 패턴들을 단
순화하는 지각에는 전경과 배경과의 관계를 전체적으로 통괄하는 場
형성의 사고과정이 필요하다고 말한다.[19]

이와 같은 장 형성의 과정은 플레이어가 〈테트리스〉를 플레이하는
과정에서도 나타난다. 플레이어에게 〈테트리스〉의 기호들은 개별적으
로 지각되지 않는다. 이미 하단에 고정된 기호들은 하나의 전경으로 지
각되며 화면 상단에서 하강하는 조작 가능한 기호는 이제 곧 전경에 통

---

18   Rudolf Arnheim, 정용도 역, 앞의 책, 10~11쪽.
19   위의 책.

합되어 하나의 장을 형성할 기호로 지각된다. 〈테트리스〉의 기호들은 전체 장 속에서 어떤 위치와 공간을 점하는가에 따라 그 가치가 달라진다. 롤링스(Rollings)와 아담스(Adams)는 〈테트리스〉의 플레이어가 어느 정도의 레벨에 도달하여 게임이 속도가 빨라지면 몰입하게 되는데 이때 플레이어는 게임의 개별적 요소를 고려하지 않고 플레이 공간을 전체로 이해한다는 것을 지적한 바 있다.[20] 이러한 몰입 상태에서의 플레이어의 지각을 게슈탈트 법칙으로 설명할 수 있다.

결국 〈테트리스〉를 플레이한다는 것은 가장 단순한 형태로 전경과 배경의 장을 형성하는 것이기도 하다. 이러한 단순성은 엔트로피에서의 질서의 개념과 연결된다. 엔트로피가 증가한다는 것은 가용한 에너지가 감소한다는 의미이기도 하지만 한편으로 물질들이 질서의 상태에서 무질서의 상태로의 변화를 의미하기도 한다. 〈테트리스〉에서 게임이 지속되고 플레이어가 높은 점수를 얻으려면, 기호들이 형성하고 있는 기하학적 지형에 빈틈이나 여백이 존재해서는 안 되고, 플레이어는 기호들의 기하학적 지형이 가장 단순한 형태로 구성되도록 플레이를 진행하게 된다. 즉, 〈테트리스〉를 플레이하는 플레이어는 플레이 장을 무질서한 지형에서 질서에 가까운 지형으로 변화시키는 작업을 수행하는 것이다. 이때 게임 화면을 차지하고 있는 기호들이 무질서가 극에 달하면 조작 가능한 기호가 하강할 여백의 공간이 사라지고 플레이어는 더 이상 플레이를 진행할 수 없게 된다.

〈테트리스〉와 같은 퍼즐 게임은 끊임없이 '복잡하고 무질서하게' 플

---

20   Andrew Rollings · Ernest Adams, 『On Game Design』, Indianapolis : New Riders, 2003.

레이 장을 구성하려는 게임 시스템과 '단순하고 질서정연한' 플레이 장을 추구하는 플레이어의 의지가 대결하는 장소, 단순성 지향의 플레이 장이라고 할 수 있다.

3. 퍼즐 게임의 질서 지향 플레이

현실은 엔트로피의 증가라는 불가역의 법칙에 의해 지배되지만, 인간은 그러한 세계 속에서 질서를 추구하며 살아가는 존재이다. 퍼즐 게임은 소위 말하는 킬링타임용의 단순 게임이 아니라 시간이 지날수록 불가용성과 무질서로 나아가는 현실에 대한 저항의 기획으로 이해할 수 있다. 즉, 퍼즐 게임의 플레이어는 맥스웰의 악령(Maxwell's Demon)과 같은 존재로 비유할 수 있다. 맥스웰의 악령은 물리학자 맥스웰이 고안한 사고실험의 가상적인 존재로 엔트로피의 법칙을 위반할 수 있는 가능성을 암시한다. 맥스웰의 악령은 일종의 문지기로 두 개의 닫힌 공간 사이의 문을 지키며 빠른 속도로 움직이는 분자에게만 문을 열어주고 느린 속도로 움직이는 분자에게는 문을 열어주지 않는 존재이다. 이를 통해 한쪽 공간의 온도는 올라가고 다른 쪽 공간의 온도는 내려감으로써 에너지가 열평형 상태에 이르지 못하게 만든다. 즉, 에너지가 불가용성의 평형상태로 나아가는 것을 막는 존재인 것이다. 맥스웰의 악령은 사고 실험에 의해 설정된 가상의 존재이지만 이 악령의 존재는 현실의 불가역성을 거역하려는 인간 존재의 저항성을 엿볼 수 있게 한다.

아른하임은 예술 역시 질서를 지향하는 인간의 노력 가운데 한 가지라고 말한다.[21] 하지만 아른하임은 예술에서 질서를 겉으로 보이는 단순성이나 대칭성으로 오해해서는 안 된다고 말한다. 복잡한 구조 속에서도 얼마든지 질서를 발견할 수 있기 때문이다. 외적인, 시각적 질서도 중요하지만 때로 질서는 그 이면에서 힘과 에너지의 흐름이라는 내적 질서로 발견되기도 한다. 예를 들어, 찬물과 더운물을 섞어놓았을 때 겉으로 보기에는 에너지의 가용성으로 나타나는 질서의 상태를 파악할 수 없는 것과 마찬가지다. 인간이 질서를 추구한다고 할 때 그것은 외적인 질서와 내적인 질서 모두를 의미한다. 〈테트리스〉의 플레이가 좀 더 명백한 외적인 질서를 추구한다면, 〈비주얼드〉의 플레이는 내적인 질서를 추구한다고 볼 수 있다.

1) 의도된 복잡성을 통한 내적질서 추구

〈비주얼드〉로 대표되는 퍼즐 게임은 1940년대 후반 잭슨 폴록(Jackson Pollock)의 추상미술 작품과 유사성을 지닌다. 아른하임은 폴록의 작품이 순수한 무작위성의 의해 창조된 작품인 것 같지만 사실은 작가는 시각적 질서감을 가지고 물감을 뿌리고 흘림으로써 만들어낸 작품이라고 말한다. 우연적인 배열을 얻기 위해 상당한 주의를 요구했던 작품인 것이다.[22] 아른하임은 주사위를 던져서 기계적으로 획득한 무작위성과 질서의 한 가지 유형으로서 무작위성을 시각적으로 재현한 것과는 구별해야만 한다고 말한다.[23] 아른하임이 보기에 폴록의 추상회화

---

21   Rudolf Arnheim, 정용도 역, 앞의 책, 64~65쪽.
22   위의 책, 32~33쪽.

가 보여주는 무작위성은 순수한 우연성의 기획이 아니라 질서의 새로운 형태에 대한 세심하게 계획된 시도인 것이다.

이와 같이 세심하게 계획된 무작위성의 시도는 〈비주얼드〉와 같은 퍼즐 게임에서도 살펴볼 수 있다. 플레이어가 〈비주얼드〉의 게임 화면을 처음 대면할 때 지각하는 것은 무작위적인 혼란이다. 〈그림 4〉에서도 알 수 있듯이 다양한 색깔과 형태의 기호들이 화면을 가득 채우고 있는 〈비주얼드〉의 모습은 흡사 폴록의 추상회화와 유사하다.

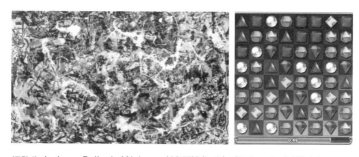

〈그림 4〉 Jackson Pollock 〈Alchemy(1947)〉(Left), 〈Bejeweled〉(Right)

이처럼 의도된 무작위성이 표현하려는 질서가 무엇인가의 문제에서 이는 다시 게슈탈트 법칙과 관련된다. 지각은 무엇인가를 이해하려는 인간의 욕망과 관련이 있다.[24] 특히 인간은 자신이 이해할 수 없는 지각적 대상을 접했을 때 그 대상을 이해하기 위한 정신적 과정을 거친다. 게슈탈트 심리학의 유명한 사례로 오리처럼 보이기도 하고 토끼처럼 보이기도 하는 그림이 있는데, 이 그림이 오리 또는 토끼로 보이는 이

---

23 위의 책, 32~33쪽.
24 위의 책, 10~11쪽.

유는 인간이 명확하지 않은 지각적 대상을 이해하려 할 때 전경과 배경의 관계를 개입시키기 때문이다. 전경과 배경과의 관계에서 배경에 초점을 맞출 경우 토끼로 보이고, 대상에 초점을 맞출 경우 오리로 보이는 것이다.

이러한 게슈탈트 심리학은 폴록의 작품과 같은 추상회화를 이해하는데도 적용이 된다. 관객은 추상 이미지를 이해하기 위해 화면 안의 모든 이미지적 요소 속에서 스스로 배경과 대상을 구분함으로써 작품을 이해하려는 활동을 한다. 즉, 추상회화의 이해는 캔버스 전체에 흩뿌려져 있는 개별적인 형태와 개별적인 색채들 간의 관계를 생각하는 장(場)의 사고에 의한 이해인 것이다. 폴록의 작품은 캔버스 위에 이러한 무작위의 이미지들을 균등하게 흩뿌려 놓음으로써 관객으로 하여금 전경과 배경의 구분을 불가능하게 한다. 관객은 무엇을 의미하는지 알 수 없는 이미지 앞에서 혼란스럽지만 한편으로는 어떠한 대상으로도 환원되지 않는 순수한 이미지와 대면하게 되는 것이다. 아른하임은 이와 같은 대면이 인간의 정신에 가장 순수한 형태의 질서감을 부여한다고 본다.[25] 추상회화의 감상에는 어떤 이미지로부터 대상을 떠올리고 거기서 의미를 찾아가는 과정에서 발생하는 사회적, 정서적 긴장이 결여되어 있기 때문이다.

마찬가지로 퍼즐 게임의 플레이어는 게임 속의 기호들을 해석하고 가치를 부여하는데서 오는 긴장을 경험하지 않아도 된다. 개별적인 기호의 의미는 중요하지 않으며 플레이어는 플레이 장의 자리 바꿈 가능

---

25   위의 책, 10~11쪽.

성을 높이는 방향으로, 엔트로피를 감소시키는 방향으로 플레이한다. 이때 플레이를 지속해나가는 과정에서 기호들이 만들어내는 외적인 무작위성은 변화하지 않는다. 〈세임 그놈〉의 경우에는 자리 바꿈에 의해 기호들이 사라지고난 빈 공간을 다른 기호로 채우지 않는다. 따라서 플레이어는 게임이 진행되어 감에 따라 플레이 장의 외적 혼란이 사라지는 것을 확인할 수 있다. 하지만 〈비주얼드〉에서는 플레이 장이 계속해서 새로운 기호들로 채워지기 때문에 외적으로 보이는 혼란은 감소하지 않는다. 오히려 같은 색과 모양의 기호들을 제거해나감으로써 플레이 장은 외면적으로는 더 무작위한 상태가 된 것처럼 보이기도 한다. 외적인, 시각적인 무작위성은 자리 바꿈 가능성이라는 내적인 질서를 유도하기 위해 의도된 무작위성인 것이다.

세계는 점점 더 복잡해지고 혼란스러워지고 있지만 인간은 여전히 그 안에서 질서를 추구한다. 〈비주얼드〉와 같은 퍼즐 게임은 겉으로는 혼란스럽지만 그 안에서 삶을 지속시킬 에너지, 내적 질서를 찾아나가는 현대의 삶을 시뮬레이션 하는 게임이라고 볼 수 있다. 같은 맥락에서 〈비주얼드〉 부류의 게임이 원형인 〈세임 그놈〉의 형태에서 복잡성을 가중시킨 형태로 변화하고 그 이후 대중에게 더 수용될 수 있었던 것도 하나의 필연적인 결과로 볼 수 있다.

퍼즐 게임은 엔트로피의 감소와 질서를 향한 인간의 본능적인 의지를 시뮬레이션 하는 게임이다. 삶을 향한 인간의 이러한 의지는 근원적이고 강력한 것이기 때문에 현대의 많은 플레이어들이 이 단순한 게임을 그토록 몰입해서 플레이하고 있는 것이다.

2) 명백한 단순성을 통한 외적질서 추구

〈테트리스〉로 대표되는 퍼즐 게임은 1910년대 카시미르 말레비치 (Kasimir Malevich)의 추상회화와 유사성을 지닌다. 관객이 추상회화를 통해 경험하게 되는 이미지와의 순순한 대면은 말레비치의 회화에서 폴록의 회화와는 다른 방식으로 구현된다. 폴록의 회화가 의도된 무작위성의 이미지를 통해 관객이 회화를 통해 어떠한 대상도 지각하지 못하게 했다면, 말레비치의 회화는 이미지 자체의 단순성을 통해 같은 효과를 달성해낸다. 말레비치의 회화가 추구하는 질서는 시각적 질서, 외적인 질서인 셈이다.

말레비치의 회화 중 〈그림 5-1〉에서 〈그림 5-2〉로의 변화를 살펴보면 〈Black Square〉의 경우 폴록의 추상회화에 비해서는 추상화가 더 진행된 경우이지만 여전히 캔버스 위의 전경과 배경을 구분할 수 있는 수준이다. 이 작품의 제목에서도 알 수 있듯이 이 작품을 대면한 관

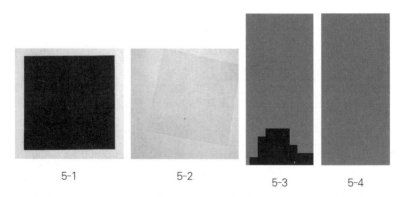

〈그림 5〉 Kasimir Malevich 〈Black Square(1915)〉(5-1), 〈White on White〉(5-2), Abstraction of Play Field in 〈Tetris〉(5-3)(5-4)

객들은 '검은 사각형'에서 작품의 의미를 찾으려 할 것이다. 이러한 추상화가 더 극단적으로 진행된 작품이 〈그림 5-2〉의 작품이다. '흰색 위의 흰색'이라는 제목에서 알 수 있듯이 작품에서 더 이상 무엇이 대상이고 무엇이 배경인지 구별할 수 없다. 아른하임은 이러한 극단적인 추상화를 동질성의 공백(the emptiness of homogeneity) 상태로 일컫는다.[26] 역설적이기는 하지만 어떠한 대상들이 동질하다는 것조차 구별할 수 없을 정도로 차이를 발견할 수 없는 극단적인 단순함의 상태를 의미하는 것이다. 아른하임은 이와 같은 극단적인 단순함의 상태에서 관객이 가장 강력한 시각적 질서를 경험한다고 본다. 어떤 이미지가 지시하는 대상, 그 대상이 지시하는 의미를 생각하는 정신적 과정 없이 가장 순수하게 이미지와 대면하는 것이다. 이러한 단순화를 통한 질서의 추구는 내적 질서가 아닌 외적 질서이며, 시각적이고 상대적으로 더 명백한 질서이다.

〈테트리스〉의 플레이가 추구하는 질서가 바로 이와 같은 외적인 질서이다. 〈테트리스〉의 플레이어는 아무런 목적 없이 하강하는 기하학적 기호들을 조작하여 쌓고 블록을 한줄 한줄 제거해나간다. 이때 블록의 제거를 더 용이하게 해주는 것은 〈그림 5-3〉의 경우처럼 블록을 빈 공간 없이 단순한 지형으로 쌓아 나가는 것이다. 〈비주얼드〉의 경우 플레이 장을 채우고 있는 기호들의 운동가능성을 높임으로써 짧은 시간에 더 많은 점수를 내는 것을 목적으로 한다. 하지만 〈테트리스〉라는 게임의 궁극적인 목적은 바로 〈그림 5-4〉와 같이 어떠한 기호도 남기

---

26   위의 책, 65~67쪽.

지 않고 없앰으로써 게임 장의 공백만 남기는 것이다. 물론 실제로 게임 플레이에서 〈그림 5-4〉와 같은 상황이 나타나는 경우는 극히 드물지만 〈그림 5-4〉와 같은 이상적 상태는 플레이어가 지향하는 궁극적인 플레이 장의 상태를 보여준다. 전경과 배경의 구분도 없고, 동질성조차 구분할 수 없는 순수한 공백의 상태이자, 극단적인 단순화로 구현된 질서의 상태인 것이다.

플레이어는 〈테트리스〉를 통해 복잡한 삶을 정돈하고 질서를 부여하려는 현대인의 삶을 시뮬레이션 한다. 하지만 〈테트리스〉의 세계는 현실의 세계와는 다르게 좀 더 통제가능하고 예측 가능한 그래서 질서부여의 가능성이 더 높은 세계이며, 플레이어는 이와 같은 세계를 시뮬레이션 함으로써 대리만족을 경험할 수 있다.

4. 결론

디지털 게임은 현실을 대안적으로 경험하고 시뮬레이션 할 수 있는 장(場)이다. 지금까지 디지털 게임이 제공하는 대안적 경험은 MMO-RPG와 같이 재현적이고 서사적인 게임을 중심으로 논의되어 왔다. 하지만 본 논문은 단순반복 게임으로 치부되면서 게임 연구에서 소외받았던 퍼즐 게임에 주목하고 퍼즐 게임이 현실의 어떤 작동 원리를 시뮬레이션 할 것이라는 전제 하에 논의를 진행하였다. 이를 위해 주목한 현실의 원리는 바로 엔트로피의 법칙이다. 엔트로피의 법칙은 인간의 물리적 세계의 기저를 이루는 법칙이며 세계를 구성하는 어떠한 원리

보다 견고하며 불가역적이다. 재현적이고 서사적인 게임들이 세계를 이루는 표층에 위치한 사회의 법칙을 인식하고 그에 대한 대안적인 경험을 제공한다면, 추상적이고 규칙적인 퍼즐 게임은 세계를 이루는 심층에 위치한 법칙을 인식하고 이를 시뮬레이션 할 수 있도록 한다. 오히려 퍼즐 게임이 플레이어에게 제공하는 쾌는 소모적인 쾌가 아니라 인간이 경험할 수 있는 좀 더 근원적인 쾌에 가깝다고 볼 수 있다. 바로 질서를 추구하고 삶을 지속하려는 인간의 근원적 의지이다. 사회는 변화하지만 세계를 구성하는 기저, 인간의 불가역적인 조건은 변화지 않는다. 퍼즐 게임이 엔트로피의 감소와 질서의 축구라는 인간의 근원적 의지를 시뮬레이션 할 수 있도록 했기 때문에 다양한 장르의 게임이 등장했다 사라지는 과정 속에서도 욜이 말했던 것처럼 퍼즐 게임이 '환호 없는 인기'를 누릴 수 있었을 것이다.

본 논문은 퍼즐 게임을 통해 플레이어가 시뮬레이션 하는 현실의 작동원리가 무엇인지를 엔트로피의 관점에서 살펴보았다. 퍼즐 게임에 관한 다양한 관점의 후속 논의가 요구되며, 본 논문은 플레이어가 퍼즐 게임을 플레이하게 하는 원동력을 인문학적으로 고찰해보고자 했다는 점에서 의의를 갖는다고 본다.

‖ 참고 문헌 ‖

[논문 및 단행본]

Alekseev G. N., translated by Byung-Sik Lee, *Energy and Entropy*, Ilbit, 1991.

Andrew Rollings and Ernest Adams, *On Game Design*, Indianapolis : New Riders, 2003.

Chulgyun Lyou · Sunghee Cho, "Gameplay as a Semiotic Interpretation", *Korea Game Society*, Vol. 9, No. 3, 2009.

Fritjof Capra, translated by Yong-Jung Kim and Sung-Beom Lee, *The Tao of Physics*, Pum Yangsa, 2006.

Gonzalo Frasca, translated by Kyoum-Sup Kim, *The Videogame of the Oppressed*, CommunicationBooks, Inc., 2008.

Han-Tae Kim, "Heuristic Tree Search Algorithm for Finding Optimal Solution in Puzzle Game Environment", Dept. of Electronics Computer Engineering, The Graduate School, Hanyang University, 2013.

Insun Lee, "The Effect of Puzzle System on Player's Level of Immersion and Engagemet in Adventure Games", *Korea Game Society*, Vol. 8, No. 4, 2008.

Jeremy Rifkin, translated by Hyun Choi, *Entropy*, Bumwoosa, 1983.

Jesper Juul, translated by Jung-Yeop Lee, *Casual Revolution*, CommunicationBooks, Inc., 2012.

Rudolf Arnheim, translated by Yong-Do Jung, *Art and Entropy*, Noonbit, 1995.

Seok-Jin Jeon, "The Effects of Puzzle Game Types on the Students' Thinking Ability and Commitment according to the Stages of Their Cognitive Development", Graduate School of Education, Korea National University of Education, 2008.

Youngjik Kwak, *Thermoenergy and Entropy*, Dongnyok, 2008.

디지털 게임 모드하기의 문화적 의미 고찰

윤혜영

1. 서론

오늘날 컴퓨터는 인간이 세계를 경험하는 주된 매개(medium)이다. 컴퓨터 미디어는 다양한 미디어의 집합이자 동시에 새로운 미디어 도구 및 미디어 유형을 만들어내는 메타미디어(meta-media)이다.[1] 컴퓨터를 매개로 한 인간 경험은 문화 인터페이스(cultural interface)에서 문화 소프트웨어(cultural software)로 옮겨왔다. 이제 인간의 문화적 경험은 컴퓨터 인터페이스의 조작뿐만 아니라 컴퓨터 소프트웨어의 운용을 통해 가능해진다. 문화적 경험은 메타미디어를 통해 이를 위한 "미디어를 발명하는 일(inventing the medium)"[2]을 요구하기도 한다. 디지털 게임에서 이러한 현상은 모드를 통해 나타난다.

---

[1] 레프 마노비치(Manovich, Lev), 이재현 역, 『소프트웨어가 명령한다(*Software Takes Command*)』, 커뮤니케이션북스, 2014, 132~133쪽.

[2] Murray, Janet, *Inventing the Medium*, MIT Press, 2011, p.1.

모드(Mod)는 수정 또는 개조를 의미하는 Modification의 줄임말로 소프트웨어를 사용해 디지털 게임의 콘텐츠를 수정 또는 개조하는 것을 의미한다.[3] 〈카운터 스트라이크(Counter Strike)〉처럼 사용자가 만든 모드로 시작해 오히려 원작인 〈하프라이프(Half-life)〉가 인기를 끌었던 사례가 대표적이다. 프라스카(Frasca)는 "개발자들이 플레이어들에게 원작 게임을 확장, 변형할 수 있는 도구를 제공하는 것"[4]이 모드라고 설명한다. 젠킨스(Jenkins)는 모드에 대해 "상업적 게임을 위하여 만들어진 프로그램 코드와 디자인 도구가 아마추어 게임 제작을 위한 기반으로 활용된다"[5]고 말한다. 변형이라는 측면에서 모드는 재미를 위해 기존의 게임을 변형시키는 핵(hack)이나 게임의 오류를 수정하고 게임을 최적화하는 패치(patch)와도 유사한 행위이다. 하지만 일반적으로 모드는 사용자가 별도의 소프트웨어를 사용해 존재하는 게임에 변형을 가하는 것이라는 의미로 통용된다.

디지털 게임은 컴퓨터 메타미디어의 모든 가능성이 실험되는 장이며, 인간의 상상력이 구현되는 가상세계이다. 모드를 통해 나타나는 디지털 게임의 문화 소프트웨어화는 개발자와 사용자의 이분화를 중심으로 형성된 게임 문화의 지형을 바꾸어 놓는다. 본 연구의 목적은 바로 모드를 통해 변화되는 게임 문화의 지형을 고찰해보는 것이다.

모드하는 사람의 등장은 디지털 게임의 창작과 수용에 있어 개발자

3   Moody, Kyle Andrew, "Modders : Changing the Game through User-Generate Content and Online Communities", *PhD thesis*, University of Iowa, 2014, p.1.

4   곤살로 프라스카(Frasca Gonzalo), 김겸섭 역, 『억압받는 사람들을 위한 비디오게임(*The Video games of the Oppressed*)』, 커뮤니케이션북스, 2008, 177쪽.

5   헨리 젠킨스(Jenkins, Henry), 김정희원·김동신 역, 『컨버전스 컬처(*Convergence Culture*)』, 비즈앤비즈, 2008, 206쪽.

와 사용자의 이분법을 변화시킨다. 모드에 대한 기존의 연구들이 다루는 문제도 바로 이 지점이다. 국내의 경우 모드 관련 연구가 거의 없다고 해도 과언이 아닌데, 이는 그동안 국내 디지털 게임 연구가 주로 온라인 게임에 편향된 것과도 관련이 깊다. 하지만 문화 콘텐츠의 관점에서 모드를 바라본 두 연구가 바로 모드하는 사용자의 문제를 다루고 있다. 박근서[6]는 〈엘더스크롤 Ⅳ : 오블리비언(The Elder Scrolls Ⅳ : Oblivion)〉의 커뮤니티 분석을 통해 비디오 게임의 수용자는 단지 주어진 텍스트를 수동적으로 해석하는 존재가 아니라 능동적 존재이며 이러한 능동성은 '모드하기'에서 가장 적극적으로 나타난다고 본다. 유보미[7]는 〈하프라이프 2(Half-Life 2)〉를 텍스트로 한 연구에서 유연하고 창발적인 구조의 PC 게임 모드는 게임 이용자의 적극적이고 자발적인 참여 문화를 야기한다고 말한다. 두 연구 모두 모드하기를 능동적이고 적극적인 행위로 보고 있기는 하지만 여전히 '모드하기'를 '사용자(user)'의 영역에서 논하고 있다.

온라인 게임보다는 PC 게임이 더 발달한 해외는 국내보다 모드에 대한 연구가 더 활발한 편이다. 해외의 경우 2000년대부터 본격적으로 모드 연구가 등장하기 시작했다. 이는 2000년 〈카운터 스트라이크〉가 상업적 성공을 거둔 사례와도 무관하지 않다. 해외의 모드 관련 연구 역시 '모드하는 사람'과 '모드하기'를 어떻게 볼 것인가의 문제를 가장 많이 다루고 있다. 해외 연구에서 모드하는 사람을 바라보는 지배적인

---

6 박근서, 「모드하기의 문화적 실천에 대한 연구―〈엘더스크롤 Ⅳ : 오블리비언〉의 커뮤니티를 중심으로」, 『한국언론정보학보』, Vol.55, No.0, 2011.

7 유보미, 「개방형 혁신과 모드 게임의 발전―PC 게임 모드와 콘솔 하드웨어 모드의 사례 연구를 중심으로」, 강원대 석사논문, 2009.

관점은 참여적인 팬(fan)의 활동으로 바라보는 것이다.[8] 이 관점에서 모드하는 주체를 "상업적 게임에 대한 저항과 비판 정신을 지닌 아마추어"[9]로 보기도 한다. 이 역시도 모드하는 사람을 여전히 '사용자'의 영역에서 파악하는 입장이다. 이는 젠킨스가 이야기하는 참여 문화와 상통하는 관점인데 젠킨스는 팬덤을 "미디어 텍스트를 전유하고 각기 다른 이해관계에 맞게 텍스트를 재해석하는 방식"[10]으로 설명한다.

이 같은 문제의식에서 모드하는 사람에 관한 해외 연구는 새로운 관점을 제시한다. 바로 모드하는 사람을 공동 창작자(co-creator)로 보는 관점이다. 모리스(Morris)는 디지털 게임이 모드를 통해 참여적 미디어(participatory media)를 넘어서서 공동 창작적 미디어(co-creative media)가 되었다고 주장한다.[11] 이러한 관점의 연구들은 모드하는 사람을 비소로 '개발자(author)'의 영역에서 다룬다. 공동 창작의 관점에서 모드는 게임 개발에 있어서 사용자 중심의 혁신[12]이기도 하며, 오픈소스 시스템[13]이기도 하다. 살렌(Salen)과 짐머만(Zimmerman)은 개발자로서의 플레이어의 역할은 메타게이밍을 가속화하고 더 극단적인 형태의 열린 플레이

---

8   대표적인 연구는 다음과 같다.
     Kushner, David. 「It's a mod, mod world」, *Spectrum,* IEEE 40(2), 2003, pp.56~57.
     Sotamaa, O., 「Computer game modding, intermediality and participatory culture」, *New Media,* 2003, pp.1~5.

9   Camargo, C, 「Modding : changing the game, changing the industry」, *Crossroads,* 15(3), 2009, pp.18~19.

10   헨리 젠킨스(Jenkins, Henry), 정현진 역, 『팬, 블로거, 게이머(*Fans, Bloggers, and Gamers*)』, 비즈앤비즈, 2008, 62쪽.

11   Morris, S, 「WADs, Bots and Mods : Multiplayer FPS Games as Co-creative Media」, *In DIGRA Conf.,* 2003.

12   Nieborg, D. B. & Van der Graaf, S., 「The mod industries? The industrial logic of non-market game production」, *European Journal of Cultural Studies,* 11(2), 2008, pp.177~195.

13   Scacchi, W., 「Modding as a basis for developing game systems」, *Proceedings of the 1st international workshop on Games and software engineering,* ACM, 2011, pp. 5~8.

를 만들어낸다고 말한다.[14]

이러한 연구들 속에서 모드하는 사람은 '참여적인 사용자', '팬', '공동 창작자'이자 '개발자'이다. 사용자와 개발자의 스펙트럼 사이에서 모드하는 사람은 다양한 이름으로 불린다. 하지만 공통적인 것은 아직은 정확히 규정할 수는 없지만 모드하는 사람의 모드하기를 게임 문화에서 창발된 창조적이고 혁신적인 행위로 인정하고 있다는 점이다. 하지만 모드하는 사람과 모드하기에 집중된 모드 연구는 모드에 대한 이중적 태도를 드러낸다. 모드하기를 창작과 개발의 행위로 평가하면서 그 결과물인 모드 창작물에 다루지 않는다는 것은 게임 문화에 여전히 개발자 사용자 이분법이 견고함을 드러낸다.

이에 본 고는 기존의 연구사에서 드러나는 이와 같은 이분법적 태도에 대한 대안으로 모드하기의 문화적 의미를 문화 소프트웨어와 각색, 기술적 상상의 관점에서 고찰하고자 한다.

2. 문화 소프트웨어와 모드하기

문화 소프트웨어는 뉴미디어 학자인 레프 마노비치의 개념이다. 2002년 마노비치는 저작 『뉴미디어의 언어』에서 "컴퓨터가 우리와 문화 데이터가 상호작용하도록 하는 방식"[15]을 설명하기 위한 용어로 '문

---

14 Salen, K. and Zimmerman E., *Ruls of Play : Game Design Fundamentals*, The MIT Press, 2003, p.540
15 레프 마노비치(Manovich, Lev), 서정신 역, 『뉴미디어의 언어(*The Language of New Media*)』, 커뮤니케이션북스, 2004, 119쪽.

화 인터페이스'를 제시한다. 하지만 마노비치는 2013년 저작 『소프트웨어가 명령한다』에서 '문화 소프트웨어'로 논의를 옮겨온다. 문화 소프트웨어는 "문화와 교호하는 행위를 지원하는 특정 유형의 소프트웨어"[16]이다. 지금까지 인터페이스라는 은유 덕분에 인간이 컴퓨터를 통해 문화적 경험을 하는 데 있어서 컴퓨터의 언어를 전혀 알지 못하는 것이 문제가 되지 않았다. 이것은 여전히 마찬가지다. 하지만 컴퓨터를 통한 인간의 문화적 경험은 직접적으로 컴퓨터의 언어를 사용하는 방향으로도 발전하고 있다.

볼터(Bolter)와 그루신(Grusin)은 뉴미디어가 등장했을 때, 이것이 올드미디어와 관계 맺는 방식을 재매개(remediation)로 설명한다. 컴퓨터 인터페이스가 책의 문화적 형식을 그리고 영화의 문화적 형식을 은유함으로써 적응해왔다면, 이제 인간에게 전혀 새롭지 않은 미디어인 컴퓨터는 자신만의 문화적 형식을 통해 인간과 문화를 연결하려 한다. 그것이 바로 소프트웨어이다. 마노비치는 이와 같은 문화 소프트웨어의 대표 사례로 사진을 위한 소프트웨어인 포토샵(Photoshop), 영상을 위한 소프트웨어인 프리미어(Premiere) 등을 들고 있다. 하지만 디지털 게임의 모드 소프트웨어는 이보다 더 특수한 지위를 갖는다. 디지털 게임이 문자, 음성, 사진, 영상 등 모든 매체의 표현적 형식을 사용할 뿐 아니라 몰입적인 가상공간을 제공하는 상호작용적 매체이기 때문이다.

따라서 어디까지를 모드로 볼 것인가의 문제는 단순하지 않다. 모드의 스펙트럼은 광범위하다. 넓은 의미에서 보면 모든 게임에 모드가 존

---

16   레프 마노비치, 이재현 역, 앞의 책, 30쪽.

재한다. 사용자가 게임 내의 객체들을 사용해 게임을 플레이해나가는 과정, 캐릭터나 환경을 최적화하고 맞춤화하는 선택과 조합의 행위까지도 게임에 가하는 변형으로 볼 수 있기 때문이다. 이 때문에 모드의 범위와 유형을 구분하는 기존의 연구들은 서로 다른 관점에서 모드의 범위를 다룬다. 따라서 이러한 연구들이 정의하는 모드의 범위를 종합하고 이를 통해 본 고에서 다룰 모드의 범위를 한정할 필요가 있다.

광의에서 모드의 범위와 유형을 구분한 연구는 발드리카(Baldrica)[17]의 연구가 대표적이다. 발드리카는 모드 콘텐츠를 크게 '사용자 기여'와 '사용자 생성'으로 구분하여 네 가지 유형을 제시한다. 이 연구는 캐릭터 맞춤화나 아이템 생산과 같은 별도의 소프트웨어를 사용하지 않고 게임 내 소프트웨어(in-game software) 즉, 인터페이스 수준에서 일어나는 사용한 사용자들의 콘텐츠 생성 활동을 모드의 스펙트럼 안에 위치시키고 있다. 또한 게임 내 소프트웨어를 본래 게임이 의도하지 않은 방향으로 사용하는 사용자들의 창발적이고 우발적인 플레이를 모드의 일부로 보고 있다. 기존의 연구에서 플레이로 다뤄지는 행위까지 모드로 바라보고 있는 것이다. 하지만 이는 본 고가 정의하는 별도의 소프트웨어 운용을 통한 변형인 모드에 해당하지 않는다.

스카치(Scacchi)[18]의 연구는 본 고가 대상으로 삼고자하는 모드의 범위에 근접한 유형을 제시하며 모드의 범위와 유형에 관한 연구 중 가장

---

17   Baldrica, J., "Mod a Heck : Frameworks for Examining Ownership Rights in User-Contributed Content to Videogames, and a more Principled Evaluation of Expressive Appropriation in User-Modified Videogame Projects", *Minn. JL Sci. & Tech*, 8, 2007.

18   Scacchi, W., "Computer game mods, modders, modding, and the mod scene", *First Monday*, 15(5), 2010.

〈표 1〉 광의에서 본 모드 범위 연구

유형	내용
게임을 구성하는 사용자 기여 콘텐츠 (user contributed content comprising the game)	게임 안에서 플레이어의 노동의 결과로 구성되는 콘텐츠 ex) 자원 채취를 통한 제작 아이템
게임을 이용한 사용자 기여 콘텐츠 (user contributed content exploiting the game)	마찬가지로 플레이어의 노동의 결과로 구성되지만 저작권 문제를 불러일으키는 콘텐츠 ex) 초상권이 있는 인물을 모방한 아바타 맞춤화
게임을 재정의하는 사용자 기여 콘텐츠 (user contributed content re-defining the game)	일반적인 모드의 형태로 개발자가 제공하는 소프트웨어를 활용해 구성되는 콘텐츠
게임을 재목적화하는 사용자 생성 콘텐츠 (user generated content re-purposing the game)	개발자가 제공하는 소프트웨어를 활용해 게임의 콘텐츠가 새로운 목적으로 구성되는 콘텐츠 ex) 머시니마

세분화된 구분을 제시한다.

〈표 1〉의 유형 분류에 직접적으로 드러나 있지는 않지만 문화 소프트웨어의 관점에서 볼 때 스카치가 유형화한 모드는 크게 세 가지 유형으로 재구분 될 수 있다. 바로 ① 게임 내 소프트웨어(in-game software) 모드, ② 별도 소프트웨어(separate software) 모드, ③ 하드웨어 모드로 구분할 수 있는 것이다. 우선 캐릭터나 게임 내 인터페이스를 맞춤화 하는 유저 인터페이스 맞춤화는 게임 내 소프트웨어 모드에 해당한다. 두 번째로 게임 변형과 머시니마가 독립적 소프트웨어를 활용한 모드에 해당한다. 마지막으로 PC 개조와 게임 콘솔 해킹이 하드웨어 모드에 해당한다.

본 고가 대상으로 삼고자하는 모드는 스카치의 연구에서는 게임 변

<표 2> 협의에서 본 스카치의 모드 범위

유형	내용
유저 인터페이스 맞춤화	캐릭터 맞춤화 HCI 맞춤화 애드온(add-on)
게임 변형	게임 속 캐릭터 변형(플레이어 캐릭터, NPC 등) 무기, 물약, 주문 같은 게임 내 객체 변형 플레이 레벨, 지역, 영역, 지형 변형 규칙 변형 플레이 매커니즘 변형 게임의 완전한 개조 게임이나 플레이의 패러디
머시니마	디지털 게임을 창작을 위한 미디어로 사용한 경우
PC 개조	게임 플레이의 향상을 위한 컴퓨터의 개조
게임 콘솔 해킹	게임 플레이의 향상 목적 보다는 일종의 역 엔지니어링의 목적으로 콘솔 개발자들에 대한 도전적 행위

형에 해당하는 별도의 소프트웨어를 활용한 모드이다. 하지만 이 역시도 본 연구의 목적에 따라 재구성되어야 할 필요가 있다. 앞서 밝힌 것과 같이 본 고가 디지털 게임의 모드를 연구하고자 하는 목적은 문화 소프트웨어의 시대에 소프트웨어의 운용, 즉 모드로 인해 디지털 게임과 게임 플레이 문화가 어떻게 달라지는지를 조명하기 위함이다. 따라서 모드 소프트웨어를 논할 때는 소프트웨어의 운용이 게임의 콘텐츠 관계 맺는 방식도 포함하여야 한다.

게임 독립적 모드 소프트웨어를 사용한 게임의 대표적 사례는 〈하프라이프〉이다. 〈하프라이프〉의 모드 소프트웨어의 경우 〈하프라이프〉를 개발하는 데 사용한 '소스 엔진(Source Engine)'의 기능을 거의 그대로 지원한다. 실제로 개발자들이 게임 개발에 사용하는 소프트웨어이기도 하다. 따라서 사용자들은 이 소프트웨어를 통해 〈하프라이프〉 게임

〈표 3〉 모드 소프트웨어의 유형

유형	사례
게임 독립적 모드 소프트웨어 (엔진 차원)	〈하프라이프〉의 소스 엔진을 이용한 'Valves' Source SDK(Software development Kit)'
게임 귀속적 모드 소프트웨어 (툴 차원)	〈엘더스크롤〉 시리즈의 'Construction Set'
모드 게임 (샌드박스)	〈게리모드〉

내에서 사용할 수 있는 콘텐츠를 만들 수도 있지만 〈하프라이프〉를 완전히 변형함으로써 별개의 게임을 만들 수도 있다. 실제로 그 결과 〈카운터 스트라이크〉와 〈게리 모드〉가 독립적인 게임으로 상업화되었다. 그 외에도 〈Black Mesa〉, 〈Jailbreak : Source〉, 〈The Ship〉, 〈Iron Grip : The Oppression〉 등이 처음에는 사용자 모드였다가 사용자들 사이에서 인기를 얻어 정식 게임으로 출시된 대표적인 사례이다.

게임 귀속적 모드 소프트웨어의 대표적 사례는 〈엘더스크롤〉 시리즈이다. 〈엘더스크롤〉 시리즈의 모드 소프트웨어는 툴 차원에서 게임에 귀속되는 콘텐츠만 생성이 가능하다. 〈엘더스크롤〉의 모드 소프트웨어로 새로운 콘텐츠를 만들었을 때 이는 게임 내에 적용했을 때만 작동하는 콘텐츠이다. 또한 엔진 차원에서 소프트웨어가 제공되는 것이 아니기 때문에 사용자에 의해 변형이 불가능한 콘텐츠가 게임 내에 존재한다. 〈엘더스크롤〉 시리즈는 게임 귀속적 소프트웨어를 사용하는 게임 중 가장 많은 모드를 보유하고 있는 게임이다.[19] RPG 게임의 판도

---

19 2016년 2월 현재 넥서스모드에서 유통되는 〈엘더스크롤 5 : 스카이림〉 모드 콘텐츠는 약 4만 개

가 온라인 게임으로 바뀌던 시기인 2002년에 발매된 〈엘더스크롤 3 : 모로윈드〉는 자유도가 높은 게임 시스템 구성과 '다운로드 콘텐츠(DLC)'의 사용으로 MMORPG의 공세 속에서도 그 명성을 유지할 수 있었다. 특히 다운로드 콘텐츠의 성공은 〈엘더스크롤 4 : 오블리비언〉에서 본격적인 사용자 모드 지원으로 이어졌다. 이를 통해 〈엘더스크롤 4 : 오블리비언〉은 이른바 모드를 하기 위해 하는 게임이라는 명성을 얻었다. 개발사인 베데스다는 2011년 〈엘더스크롤 5 : 스카이림〉을 출시하면서 모드 툴을 사용자 친화적으로 개선한 '스카이림 창작 툴(Skylim Creation Tool)'을 내놓았고, 이는 전작인 〈엘더스크롤 4 : 오블리비언〉보다 더 많은 모드 창작으로 이어졌다.

마지막으로 변형과 창작이라는 모드하기의 방식이 게임 그 자체로 분화된 경우이다. 〈하프라이프〉의 게임 독립적 모드 소프트웨어는 기존에 없던 형태의 게임을 만들어내는데 바로 〈게리 모드〉이다. 〈게리 모드〉는 페이스펀치 스튜디오의 게리 뉴먼(Garry Newman)이 개발한 일종의 샌드박스 게임이다. 샌드박스 게임은 하나의 게임 장르이기 보다는 게임이 제시하는 목적이나 규칙 없이 사용자의 선택과 행위가 자유로운 게임을 말한다. 이른바 '모래상자'라는 이름에서도 알 수 있듯이 사용자의 자유도와 게임 내에서 사용자가 무언가를 만들 수 있다는 것이 어떤 게임을 샌드박스 게임으로 칭하는 두 가지 주된 특징이다.

〈게리 모드〉는 원래 〈하프라이프 2〉의 소스엔진을 사용한 모드로 개발되었다가 2006년에 〈하프라이프 2〉의 개발사인 밸브 사에 의해

이다. http://www.nexusmods.com/skyrim/

정식으로 출시됐다. 샌드박스 게임으로 분류되는 만큼 〈게리 모드〉는 기반 서사나 게임의 목적이 존재하지 않고 게임 안의 물리총(Physics Gun)과 도구총(Tool Gun)을 사용하여 게임 안의 객체들을 만들고 조작할 수 있도록 되어 있다. 〈게리 모드〉의 특수한 점은 소스엔진을 사용해 개발된 게임 중 벨브 사의 Source SDK를 지원하는 게임[20]들로부터 개발된 게임의 3D 모델이나 맵 등을 가져와 창작활동을 할 수 있다는 점이다. 소스엔진을 통해 개발된 모든 게임이 〈게리 모드〉로 만든 모드 콘텐츠의 원작이 되는 셈이다. 〈게리 모드〉로 만들 수 있는 혹은 변형할 수 있는 콘텐츠는 하나의 완성된 게임에서부터 게임 내에서 사용할 수 있는 맵이나 무기, 작은 객체들까지 광범위하다.[21]

　기존에 디지털 게임의 문화를 이루는 개발자와 사용자의 구분 역시 디지털 게임의 경험이 문화 인터페이스를 통한 경험이라는 것에서 출발한다. 사실 개발자와 사용자의 구분은 디지털 게임에서만 나타나는 특수한 구분은 아니다. 문학과 영화뿐만 아니라 모든 종류의 문화 콘텐츠에서 창작자와 수용자는 구분되어 있었다. 이것은 창작의 방식과 수용의 방식이 구별됨으로써 가능했다. 영화의 창작자는 카메라의 언어로 창작을 하고, 영화의 수용자는 스크린이라는 인터페이스를 통해 영화를 수용한다. 하지만 디지털 게임의 모드하기에서 개발자가 창작에서 사용하는 언어와 수용자가 사용하는 언어는 모드 소프트웨어를 통해 일원화된다.

20　〈하프라이프〉, 〈팀 포트리스〉, 〈포탈〉 등이 있다.
21　〈게리 모드〉의 모드 콘텐츠가 유통되는 스팀(steam)의 창작마당에는 2015년 2월 현재 80만개 이상의 콘텐츠가 유통되고 있다. http://steamcommunity.com/app/4000/workshop/

〈그림 1〉 '디지털 게임(좌)'과 '모드하기(우)'의 문화적 구조

　디지털 게임에서 모드하기는 사용자와 개발자가 소프트웨어를 통해 같은 언어로 소통하게 됨을 의미한다. 모드하기는 또한 사용자에게는 수용하기 위해 창작하기라는 아이러니한 방식의 문화적 경험을 의미한다. 모드하기에서 개발자의 창작물의 수용하고 조작하는 객체가 아니라, 창작을 위한 질료로서 사용된다. 본 고는 이처럼 특수한 모드하기의 현상을 설명할 수 있는 적합한 개념으로 각색 논의에 기대고자 한다.

3. 각색과 모드하기

　전통적인 문학 연구에서 각색은 순수 창작에 비해 이차적이고 저급한 창작 행위로 여겨져 왔다. 하지만 린다 허천(Linda Hutcheon)은 각색 작품의 의미를 원작과의 관계 속에서 해명하려 하지 말고 각색 그 자체의 의미를 밝혀야 한다고 보았다. 각색에 대한 이러한 지위 재고는 각색이라는 행위 자체, 즉 창작으로서의 각색을 개념화하려 했다는데 의미가 있다.

　각색의 지위를 재고하고자 한 허천의 노력은 역설적이게도 창작보다는 각색 과정에서 발생하는 원작에 대한 수용의 지위를 높임으로써 가능해진다. 기존의 각색 논의에서 수용과 창작은 원작에 대한 수용이 선행된 후, 창작이 후행되는 것으로 파악되었다. 하지만 허천이 이야기하는 각색 과정의 창작과 수용은 순차적인 과정이기 보다는 오히려 동시적이며, 순환적인 과정에 가깝다. 허천은 각색을 제대로 정의하기 위해서 각색과 '팔랭프세스트(Palimpsestuous)'의 유사성에 주목한다.

'팔랭프세스트'란 본래 고대인들이 사용했던 '양피지 사본'을 가리키는 용어다. 이미 쓴 다른 글자를 쓰는 이 양피지 사본에는 대가 처음 쓰였던 글자의 흔적이 완전히 지워지지 않고 남아 있어, 고대의 필경가들은 새롭게 쓰인 글자 밑에서 어렵지 않게 옛 글자를 읽어낼 수 있다.[22] 새로 쓰는 글자 밑으로 과거에 썼던 글자의 흔적들을 읽어낸다는 것은 쓰는 행위와 읽는 행위가 동시적이며 반복적으로 일어나는 과정임을 의미한다. 각색은 "원작에 대한 확장적이고 상호텍스트적인 참여"[23]이다. 디지털 게임의 모드하기에서도 콘텐츠를 창작하는 행위는 게임 플레이를 통해 게임 콘텐츠를 수용하며 동시에 새로 쓰려는 행위이다. 각색자에게 해석과 창작은 하나의 작품을 만들어내는데 있어서 동등하게 중요한 과정인 것이다. 이것은 '모드하는 사람'의 특수한 지위를 설명한다. 모드하는 사람이 각색자인 이유는 원작에 대한 수용 없이 각색이 있을 수 없듯이 원작 게임에 대한 플레이 또는 원작 게임의 객체를 질료로 삼는 작업을 선행되어야 하기 때문이다.

게임 모드에서도 모드를 생성하는 행위는 게임 플레이를 통해 게임

---

22 서성은, 「린다 허천의 각색 담론」, 『우리어문연구』, Vol.48, No.0, 2014, 328쪽.
23 Hutchen, Linda, *A Theory of Adaptation*, Routledge, 2013, pp.22~24.

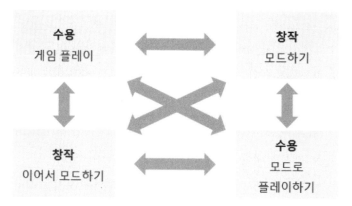

- 같은 창작자의 이어서 모드하기
- 다른 창작자의 이어서 모드하기

〈그림 2〉 모드하기의 네트워크 구조

콘텐츠를 수용하며 동시에 새로 쓰려는 행위이며, 이러한 창작과 수용의 행위는 어떤 선형적인 과정이기 보다는 서로 간에 네트워크를 이루며 일어난다. 플루서는 이러한 형태의 커뮤니케이션을 담화적 커뮤니케이션과 구분되는 대화적 커뮤니케이션으로 정의한다. 대화는 "다양하게 존재하는 정보를 새로운 정보로 합성하는 방법"[24]으로 그 중에서도 망형 대화는 "열린 회로로 민주적이고 잡음에 대한 개방성"[25]을 갖는다. 사용자들은 이와 같은 네트워크 속에서 특정한 경로를 오가며 모드하기의 과정 속에 참여한다.

이와 같은 모드하기의 네트워크 속에는 세 가지 유형의 사용자가 있는데 첫 번째 유형의 사용자는 '수용-수용'의 사선을 오가는 사용자이

---

24 빌렘 플루서(Flusser, Vilʹem), 김성재 역, 『코무니콜로기(*Kommunikologie*)』, 커뮤니케이션북스, 2001, 31쪽.
25 위의 책.

다. 이 사용자들은 직접 모드 소프트웨어를 사용해 콘텐츠를 창작하기보다는 게임을 플레이하는 과정에서 다른 사용자의 모드 창작물을 게임에 적용하여 플레이하는 사용자이다. 이러한 사용자가 게임에 가하는 변형은 직접적이지는 않지만 모드 창작물을 게임에 적용할 때마다 다른 게임의 경험하게 된다는 측면에서 모드를 수용하기만 하는 사용자 역시 게임에 변형을 가하는 사용자라고 할 수 있다.

두 번째 유형의 사용자는 '창작-창작'의 사선을 오가는 사용자이다. 이 유형의 사용자는 게임 플레이의 일부로서 모드 창작물을 만드는 것이 아니라, 게임 속 객체를 질료로 삼아 창작물을 만드는 것 자체를 즐기는 유형이다.[26] 이 경우 창작은 개인적으로 이루어지기도 하고, 다른 모더의 창작물을 좀 더 개조한다거나 하나의 팀을 이뤄 창작 활동을 하는 공동 창작 형식으로 작업을 하기도 한다. 이러한 유형의 사용자는 전문적인 모더로서 게임 커뮤니티 내에서 명성을 얻고, 사용자들로부터 모드 창작물의 제작을 요청받기도 한다.

세 번째 유형의 창작-수용의 사이를 'ㄱ' 혹은 'ㄴ', 'Z', '역 Z'의 형태로 오가는 사용자다. 이러한 유형의 사용자는 일차적 목적은 자신이 플레이를 함에 있어서 게임 세계 내에서 변형하고자 하는 것들을 스스로 창작하고자 하는 것이다. 이러한 사용자들은 자신이 만든 창작물을 다른 사용자들에게 배포하다가 '창작-창작' 사선을 오가는 전문 모더(modder)가 되기도 한다.

이처럼 모드하기는 사용자들의 창작과 수용의 네트워크 속에서 다

---

26   국내 〈엘더스크롤〉 커뮤니티의 전문 모더로는 '헨타이', '코난왕 ENB' 등이 있다.

양한 형태의 플레이와 게임 문화를 형성해낸다. 각색이라는 개념 아래서 디지털 게임의 모드하기는 수용과 창작을 구분하지 않는 새로운 형태의 문화적 향유방식이다.

4. 기술적 상상과 모드하기

각색으로서 모드하기의 핵심적 행위는 '변형'이다. 이러한 변형을 주도하는 인간의 정신 작용은 상상력과 관련이 깊다. 또한 '미디어가 메시지'라는 맥루한의 테제처럼 인간의 정신 작용은 그것을 매개하는 매체와도 관련이 깊다. 인간이 세계를 이해하고 세계와 소통하는 방식과 매체와의 관계는 매체 철학의 주된 관심사다. 플루서는 원시시대부터 현재에 이르기까지 인간이 커뮤니케이션을 위해 사용한 매체와 인간의 상상력의 관계를 세 가지 주된 변화 속에서 다룬다.

원시시대에 인간은 그림을 통해 세계를 이해하고 표현했다. 그림을 그리는 사람에게는 사차원의 세계를 이차원의 장면으로 '동시화'하는 상상력이 필요했으며, 그림을 이해하는 사람에게는 이차원의 그림을 사차원으로 환원하는 '통시화'의 상상력이 필요했다. 플루서는 그림을 중심으로 한 동시화와 통시화의 상상을 "마술적 존재형식"[27]으로 설명한다. 그림으로 커뮤니케이션하기 위해 인간은 시간을 압축하고, 다시 풀어내는 상상력을 동원해야 한다.

하지만 문자의 발명 이후에 장면들을 선형적인 과정으로 바꾸는 텍

---

27   빌렘 플루서, 앞의 책, 63쪽.

스트는 "역사적인 의식"[28]을 의식을 낳았다. 역사적 상상력의 시대는 "상상 속에 내재하는 마술에서 인간을 해방시키기 위해 상상을 분석하는 것"[29]으로 개념적인 사고가 앞선다. 디지털 매체로 세계를 매개하는 현재에 플루서는 다시금 그림으로 '코드'[30]화 된 시대로 돌아왔다고 말한다. 하지만 과거의 마술적 상상력의 그림 시대와는 다르다. 다른 것은 역사적 상상력의 문자 시대를 거쳐 왔기 때문이다.

디지털 매체에 의해 매개되는 상상력을 기술적 상상으로 정의한다. 기술적 상상(technoimagination)은 그림들을 개념으로 만든 후 그러한 그림들을 개념의 상징으로 해독할 수 있는 능력이다.[31] 기술적 상상의 시대에 이미지는 더 이상 실제 세계로부터 출발하지 않고, 문자에 의해 개념화된 세계에서 출발한다. 역사적으로 볼 때, 전통적인 그림은 전역사적이고, 기술적인 그림은 탈 역사적이다.[32] 탈 역사적 상상력의 시대는 "개념을 가시적으로 만들기 위해 상상을 종합하는 것"[33]이다.

형식적 차원에서 모드하기는 기술적 상상의 실천이다. 모드하기가 기술적 상상의 실천이라는 것은 모드하기의 행위가 컴퓨터 소프트웨어를 통해 이루진다는 것, 모드의 결과물들이 디지털 이미지들이라는 것과는 관련이 없다. 기술적 상상력에서 중요한 것은 '기술' 그 자체보

---

28 위의 책, 66쪽.
29 위의 책, 226쪽.
30 플루서는 인간의 커뮤니케이션을 코드들로 정돈된 상징에서 유래한다고 설명한다. 여기서 '상징'은 어떤 합의에 따라 다른 현상을 의미하는 모든 현상을 말하며, '코드'는 상징들의 조작을 정돈하는 모든 체계를 의미한다. 위의 책, 83쪽.
31 위의 책, 226쪽.
32 임유영, 「빌렘 플루서의 기술적 상상력과 새로운 글쓰기」, 『인문학 연구』 통권 76호, 2009, 324쪽.
33 빌렘 플루서(Flusser, Vil´em), 김성재 역, 『피상성 예찬(*Lob der Oberflaechlichkeit*)』, 커뮤니케이션북스, 2004, 278쪽.

다는 기술이 불러온 새로운 코드화의 방식이자 인간의 새로운 의식이다. 즉, 역사적 존재 형식에서 벗어난 탈 역사적이고 이질적인 의식으로서의 상상력이다.

이러한 관점에서 보면 디지털 게임의 플레이는 기술 자체의 가능성과는 별개로 여전히 역사적 상상력의 산물이다. 이러한 역사적 상상력을 구성하는 가장 중요한 요소는 선형 코드이다. 역사적 상상력은 그림을 분석하고 시간의 흐름 속에서 정리하는 것이기 때문이다. 그림의 모든 상징들은 분석되고, 문자화된 이 상징들은 선형 코드를 구성하는 규칙에 따라 서로 관계 맺는다.[34] 기존의 디지털 게임에 대한 연구들을 살펴보면 디지털 게임의 플레이가 선형 코드의 구성 방식으로 이루어진다는 점을 확인할 수 있다.

특히 이 점은 디지털 게임을 서사로 보는 관점에서 더욱 분명히 드러난다. 서사는 역사적 상상력과 선형 코드의 대표적인 양식이기 때문이다. 상호작용적인 디지털 게임의 서사는 사용자의 선택에 따라 이야기가 달라지는 비선형적인 것이라는 인식이 있지만 이것은 어디까지는 콘텐츠의 입장에서의 비선형성이다. 사용자의 서사적 경험이라는 입장에서 보았을 때 디지털 게임의 서사는 여전히 선형적이다.

이 때문에 라이언(Ryan)은 디지털 게임에서 사용자들의 다양한 선택

34

플루서는 이러한 과정을 다음과 같은 그림을 예로 들어 설명한다. 그림 속의 태양과 사람, 동물의 상징들은 다양한 의미로 '해석'될 수 있다. 이러한 측면에서 플루서는 그림의 상상력을 마술적이라고 표현한다. 하지만 선형 코드에서 그림의 상징들은 '분석'되고 '아침에 두 사람이 개와 산책을 한다'라는 하나의 개념으로 고정된다. 위의 책, 134쪽.

에 의해 완성되는 서사를 비선형적이라는 표현 대신 다변수적 서사로 정의한다. 다변수적 서사(multivariant narratives)의 창조는 인지적 수준에서 선형적 일관성을 유지해야 한다는 약속에 의존한다. 우리는 어떤 이야기에 대한 정신적 표상의 인과적, 시간적 관계를 고려하지 않고는 이야기를 사건을 좀처럼 바꿀 수 없다.[35] 게임 콘텐츠 자체의 구성은 다변수적이더라도 사용자의 입장에서의 서사 경험은 선형적인 일관성을 가진 것을 인정하고 있는 것이다. 아무리 다양한 선택이 존재하더라도 사용자는 이를 하나의 일관된 경험으로 구성하려는 심적 코드를 작동시키기 때문이다.

디지털 게임을 극(drama)로 규정하는 로럴(Laurel)에게서도 유사한 입장을 발견할 수 있다. 전통적인 극에서 "하나의 플롯은 가능성에서 개연성으로 그리고 필연성으로 진행한다."[36] 한편 인간-컴퓨터 활동에서는 인간이 어떤 것을 선택하고 어떤 액션을 취하느냐에 따라 다양하게 변화될 가능성이 있다.[37] 로럴은 이와 같은 전통적인 극과 상호작용적인 인간-컴퓨터 활동의 차이를 V자형 쐐기[38]로 통해 표현한다. 하지만 인간-컴퓨터 활동에서 사용자 여러 개의 필연성을 경험하더라고 각각의 경험은 선형적인 인과관계로 구성된다.

디지털 게임의 플레이가 선형 코드로 구성된다는 것은 디지털 게임을 뉴미디어의 관점에서 바라보는 연구에서도 드러난다. 마노비치는

---

35   Ryan Marie-Laure, "Multivariant Narratives", *A Companion to Digital Humanities*, Oxford : Blackwell Publishing, 2004, p.419.

36   브렌다 로럴(Laurel, Brenda), 유민호 · 차경애 역, 『컴퓨터는 극장이다(*Computers as theatre*)』, 커뮤니케이션북스, 2008, 65쪽.

37   위의 책, 67쪽.

38   위의 책, 65∼67쪽.

뉴미디어의 문화적 형식으로 데이터베이스 형식과 서사 형식을 대비시킨다. 하지만 뉴미디어가 서사 형식으로 제시되더라도 "물질적 구성의 차원에서는 모두 데이터베이스"[39]다. 상호작용적 서사는 이때 데이터베이스를 관통하는 여러 궤적의 집합으로서 이해될 수 있다.[40] 류철균[41]은 디지털 게임의 이와 같은 서사 경험을 서사계열체(narrative paradigm)로 설명한다. 전통적인 서사는 사용자에게 하나의 완결된 통합체로 제시되지만, 디지털 게임과 같은 상호작용 서사에서는 서사 요소, 즉 계열체가 명시적으로 주어지고 사용자의 플레이를 통해서 서사 경험은 통합체적으로 완성된다. 류현주[42] 역시 매체와 서사의 관계를 비선형적인 관점에서 파악하면서 비선형성을 독자가 즐기는 하나의 이야기가 아닌 여러 이야기를 즐기도록 되어 있는 텍스트 전체의 특성으로 한정한다.

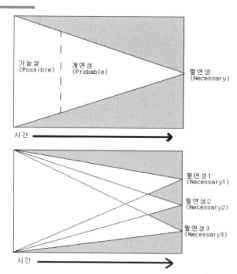

39   레프 마노비치, 서정신 역, 앞의 책, 296쪽.
40   위의 책, 294쪽.
41   류철균, 「서사 계열체 이론」, 『디지털스토리텔링연구』 Vol.1, 디지털스토리텔링학회, 2006.
42   류현주, 「비선형성 관점으로 본 매체와 서사」, 『신영어영문학』 Vol.38, 신영어영문학회, 2007.

결국 디지털 게임이 사용자에게 여러 가지 변수의 형식으로 제시되든 비선형적인 것으로 제시되든, 데이터베이스로 제시되든 사용자의 플레이 경험은 선형 코드로 구성된다. 디지털 매체의 범람에도 불구하고 인간의 문화적 경험은 여전히 선형 코드의 지배를 받는다. 디지털 게임의 플레이 역시 마찬가지다. 플루서 역시 이 점을 지적한다. 우리는 기술적 형상들을 개념들 위에 투영시키는 의식 차원에서 사는 데 완전히 무능력하다.[43] 하지만 디지털 게임의 플레이에서 이러한 기술적 상상력의 실천을 보여주는 것이 모드하기이다.

플루서는 상상에 대해 "우리가 더 이상 객체의 주체(subject)가 아니고, 우리가 대안적인 현실을 위한 설계가 되기 시작했다는 것을 말한다"[44]고 설명한다. 객체(subject)에 대응하는 것이 주체라면 비트 표면과 대응하는 것이 기획(project)이다.[45] 이것은 주체가 단 하나의 세계를 이해하는 것이 아니라 가능한 세계에 자신을 투사(project)하는 것을 말한다.

기존의 디지털 게임에서 사용자는 어떠한 미학적 경험을 목적으로 하든지 간에 게임 세계의 규칙과 허구적 세계관을 이해해야 한다. 게임의 놀이적 경험을 위해 사용자는 게임 세계의 규칙을 이해하고 이에 따라 게임 내 객체를 조작해야 한다. 게임의 서사적 경험을 위해 사용자는 게임 세계의 허구적 페르소나를 받아들이고 그에 따른 역할을 수행한다. 가상세계로서 게임의 경험을 위해 사용자는 가상 공간에 거주하며 다른 사용자들과 관계를 맺는다. 게임 세계의 모든 객체와 대상들을

---

43 빌렘 플루서, 김성재 역, 『코무니콜로기』, 커뮤니케이션북스, 2001, 231쪽.
44 빌렘 플루서, 김성재 역, 『피상성 예찬』, 커뮤니케이션북스, 2004, 287쪽.
45 『피상성 예찬』에 '설계'로 번역된 것을 주체와의 분명한 대비를 위해 '기획'으로 번역하고 있다. 이찬웅, 「플루서의 매체 이론과 포스트휴머니즘」, 『기호학연구』, Vol.39, 한국기호학회, 2014, 111쪽.

사용자는 주체로서 조작한다.

하지만 모드하기를 중심으로 한 게임 플레이에서 게임 세계는 조작을 위한 객체(object)이기보다 변형을 위한 질료(material)이다. 사용자가 상상하는 가능한 대상과 세계로 언제든 변모할 수 있는 일종의 개념이다. 가령 역할수행 게임에서 사용자 캐릭터는 종족과 직업, 성별 등으로 그 허구적 역할이 정해져 있다. 사용자는 이를 이해하고 그게 걸맞은 역할을 수행해나간다. 하지만 모드가 가능한 게임에서 사용자 캐릭터는 하나의 질료이고 개념이다. 사용자가 상상하는 대로 얼마든지 다른 역할과 존재가 된다. 따라서 모드하기에서 사용자는 매번 달라지는 캐릭터를 기획하고, 거기에 자신을 투사하는 존재이다.

기술적 상상의 차원에서 모든 세계에 대한 입장들은 동등하다.[46] 역사적 상상력은 세계에 대한 객관적 입장의 성립이다. 하지만 플루서는 기술적 상상력의 세계는 이와 대비되는 '간주관성'의 입장으로 구성된다고 본다. 이러한 입장은 모드하기에서 개발자와 사용자 관계에 통찰을 제공한다. 모드가 가능한 게임에서 개발자가 만들어놓은 세계는 일종의 객관적 입장이 아니다. 이러한 관점에서 개발자가 만들어놓은 게임 세계와 사용자에 의해 변형된 게임 세계는 동등하다.

모드하기의 네트워크 속에서 이루어지는 창작과 수용은 간주관적이다. 모드를 창작하는 사용자는 자신의 주관적 상상력에 의해 게임의 객체를 변형시킨다. 마찬가지로 모드를 수용하는 사용자 역시 주관적 상상력에 의해 모드 창작물을 게임 플레이에 적용한다. 모드하기의 네트

---

46 빌렘 플루서, 김성재 역, 『코무니콜로기』, 커뮤니케이션북스, 2001, 231쪽.

워크는 이와 같은 수많은 상호 주관적인 창작과 수용의 합의 속에서 형성된다. 예를 들어 모드로 게임 플레이를 할 때 반드시 적용해야 하는 모드, 일종의 정전(canon)화된 모드 창작물은 모드하기의 네트워크 속에서 사용자들 간의 합의에 의해 완성된다.

인간의 일은 더 이상 노동하는 것이 아니라 프로그램화하는 것, 즉 상징을 가지고 노는 것이다. 여기서 '만드는 인간(homo faber)'은 '노는 인간(homo ludens)'이 되었다.[47] '만드는 인간'은 개념을 고정시키는 인간이며, '노는 인간'은 개념을 가지고 상상하고 새로운 형상으로 만드는 인간이다. 모드하기는 문화 소프트웨어를 통해 기술적 상상력을 갖춘 기획자(projector)가 행하는 놀이이다.

5. 결론

본고는 세 가지 차원에서 디지털 게임에 나타나는 모드하기는 문화적 의미를 고찰하였다. 첫 번째는 문화 소프트웨어와 모드하기의 관계이다. 디지털 게임의 경험이 문화 인터페이스에서 문화 소프트웨어로 옮겨오면서 사용자와 개발자는 소프트웨어라는 공통의 언어를 갖게 되었다. 이와 같은 창작함으로써 수용하기와 수용함으로써 창작하기라는 독특한 형태의 게임 플레이는 두 번째 각색이라는 관점에서 모드하기를 바라보는 단서가 된다. 기존에 사용자와 개발자의 이원적 구분 속에서 상대적으로 저급한 것으로 취급되던 2차 창작이나 사용자 생성

---

47   위의 책, 125쪽.

콘텐츠는 각색 개념을 통해 새로운 형태의 문화적 행위로서 재조명 가능하다. 문학으로부터 출발한 각색이라는 개념이 디지털 게임의 모드하기를 설명할 수 있는 완벽한 개념이 될 수 없다. 하지만 사용자와 개발자 구분, 창작과 수용의 구분 속에서 두 행위의 지위를 동등하게 평가하고 이를 동시적인 과정으로 보는 허천의 각색 논의는 창작의 활동으로서 모드하기의 지위를 재고하도록 하는데 적합한 접근이 될 수 있다. 마지막으로 문화 소프트웨어를 사용한 각색 행위로서 모드하기는 플루서가 이야기한 기술적 상상의 실천이다. 기술적 상상의 개념 속에서 모드하기는 게임 내 객체를 조작하고 의미를 부여하는 것이 아니라, 게임 내 객체들을 일종의 질료로 사용하여 상상력을 통해 계속해서 새로운 이미지로 변형해나가는 변형의 놀이이며, 이미지의 놀이다.

디지털 게임의 모드하기는 대중적인 형태의 게임 플레이라고 할 수는 없지만, 디지털 게임의 상호작용적이고 참여적인 문화적 가능성을 극대화한 게임 플레이의 형태라고 할 수 있다. 하지만 이러한 가능성에 비해 아직 그 문화적 의미는 충분히 고찰되지 못하고 있다. 본 고는 그러한 의미에서 디지털 게임의 모드하기를 둘러싼 다차원적인 문화적 현상을 논의할 수 있는 단초로서 의미를 지닌다고 본다. 물론 이는 이후 구체적인 게임 텍스트 분석을 통해 창작물로서 모드 창작물의 분석과도 연계되어야 할 것이다.

‖ 참고 문헌 ‖

[논문 및 단행본]

류철균, 「서사 계열체 이론」, 디지털스토리텔링학회, 『디지털스토리텔링연구』 Vol.1, 2006.

류현주, 「비선형성 관점으로 본 매체와 서사」, 신영어영문학회, 『신영어영문학』 Vol.38, 2007.

박근서, 「모드하기의 문화적 실천에 대한 연구−〈엘더스크롤 IV : 오블리비언〉의 커뮤니티를 중심으로」, 『한국언론정보학보』 Vol.55, No.0, 2011.

유보미, 「개방형 혁신과 모드 게임의 발전−PC 게임 모드와 콘솔 하드웨어 모드의 사례 연구를 중심으로」, 강원대 석사논문, 2009.

이찬웅, 「플루서의 매체 이론과 포스트휴머니즘」, 한국기호학회, 『기호학연구』 Vol.39, 2014.

임유영, 「빌렘 플루서의 기술적 상상력과 새로운 글쓰기」, 『인문학 연구』 통권 76호, 2009.

서성은, 「린다 허천의 각색 담론」, 『우리어문연구』 Vol.48, No.0, 2014.

Baldrica, J., "Mod a Heck : Frameworks for Examining Ownership Rights in User-Contributed Content to Videogames, and a more Principled Evaluation of Expressive Appropriation in User-Modified Videogame Projects", *Minn. JL Sci. & Tech*, 8, 2007.

Camargo, C, "Modding : changing the game, changing the industry", *Crossroads,* 15(3), 2009.

Flusser, Vil´em, *Kommunikologie*; 김성재 역, 『코무니콜로기』, 커뮤니케이션북스, 2001.

Flusser, Vil´em, *Lob der Oberflaechlichkeit*; 김성재 역, 『피상성 예찬』, 커뮤니케이션북스, 2004.

Frasca Gonzalo, *The Video games of the Oppressed*; 김겸섭 역, 『억압받는 사람들을 위한 비디오게임』, 커뮤니케이션북스, 2008.

Hutchen, Linda, *A Theory of Adaptation*, Routledge, 2013.

Jenkins, Henry, *Fans, Bloggers, and Gamers*; 정현진 역, 『팬, 블로거, 게이머』, 비즈앤비즈, 2008.

Jenkins, Henry, *Convergence Culture*; 김정희원, 김동신 역, 『컨버전스 컬처』, 비즈앤비즈, 2008.

Kushner, David, "It's a mod, mod world", *Spectrum*, IEEE 40(2), 2003.

Laurel, Brenda, *Computers as theatre*; 유민호 · 차경애 역, 『컴퓨터는 극장이다』, 커뮤니케이션북스, 2008.

Manovich, Lev, *The Language of New Media*; 서정신 역, 『뉴미디어의 언어』, 커뮤니케이션북스, 2004.

Manovich, Lev, *Software Takes Command*; 이재현 역, 『소프트웨어가 명령한다』, 커뮤니케이션북스, 2014.

Moody, Kyle Andrew, "Modders : Changing the Game through User-Generate Content and Online Communities", PhD thesis, University of Iowa, 2014.

Morris, S, "WADs, Bots and Mods : Multiplayer FPS Games as Co-creative Media", *In DIGRA Conf.*, 2003.

Murray, Janet, *Inventing the Medium*, MIT Press, 2011.

Nieborg, D. B. & Van der Graaf, S., "The mod industries? The industrial logic of non-market game production", *European Journal of Cultural Studies*, 11(2), 2008.

Ryan Marie-Laure, "Multivariant Narratives", *A Companion to Digital Humanities*, Oxford : Blackwell Publishing, 2004.

Salen, K. and Zimmerman E., *Ruls of Play : Game Design Fundamentals*, The MIT Press, 2003.

Scacchi, W., "Modding as a basis for developing game systems", *Proceedings of the 1st international workshop on Games and software engineering*, ACM, 2011.

Scacchi, W., "Computer game mods, modders, modding, and the mod scene", *First Monday*, 15(5), 2010.

Sotamaa, O., "Computer game modding, intermediality and participatory culture", *New Media*, 2003.

전주 향교, 호랑이 출몰에 대비하다

답사기행 : 조선 전기 전주부를 찾아서

김창회 · 신동훈

『신증동국여지승람』으로 찾아 떠나는 조선 전기 「계수관」 답사

『신증동국여지승람(新增東國輿地勝覽)(이하 여지승람)』은 조선 전기 향촌
사회의 모습을 상세하게 전해주는 자료다. 그럼에도 불구하고, 이 책을
주 자료로서 활용한 논문은 소략한 편이었다. 각 군현별로 서술되어 있는
구조상 논문의 중심이 되어 줄 서사를 찾아내기 어려웠기 때문이었다.

각 군현별로 정리되어 있는 구성은 답사 현장에서 빛을 발한다. 대
상이 되는 군현의 모습을 상상해 볼 수 있을 뿐 아니라, 동일한 항목으
로 정리해 놓았기에, 수도 한양과 지방의 군현, 혹은 하나의 군현과 또
다른 군현을 비교하기에 안성맞춤이다. 더욱이 이 책은 조선 전기 향촌
사회의 모습을 담고 있다. 따라서 조선 전기 향촌 사회를 찾아 떠나는
답사에 더할 나위 없는 책이라 할 수 있겠다.

「계수관 답사」라 부를 수 있는 이 답사는 『여지승람』 전주부 「학교」 항목에서 우연히 시작되었다. 서거정이 쓴 향교 기문을 요약하면 다음과 같다. 전주 향교는 정청(政廳) 안에 있었다. 그런데 조선 태조의 영전(靈殿)인 경기전(慶基殿)이 설립되었다. 경기전과 향교는 매우 가까운 거리에 있게 되었는데 태만한 학생을 매질하는 소리에 성령(聖靈)이 편치 못할까 근심하였다. 그래서 향교를 서문 밖으로 옮겼는데, 도적이나 호랑이가 염려되어 담장을 두르고 자물쇠를 채웠다는 것이다. 성에서 멀리 떨어졌다고 하지만, 그 거리는 6~7리였다. 전주 부성에서 약 2~3km 떨어진 곳에 호랑이가 출몰했다는 사실은 전주의 위상을 생각할 때 이해하기 어려운 광경이다.

전주는 어떠한 곳인가? 오늘날에도 전라북도 도청 소재지로서 큰 도

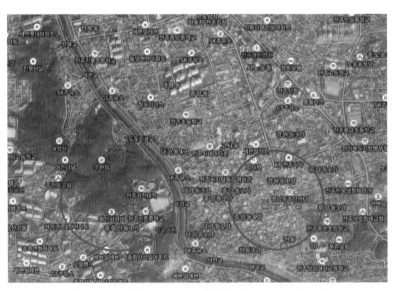

오늘날 지도에서 살펴봐도, 전주부성과 조선 초기의 전주 향교 자리는 그리 멀지 않다. (출처 : Google 지도)

시일 뿐만 아니라 조선시대에도 나주·광주와 더불어 전라도의 으뜸가는 도시였다. 아무리 조선 초기라고 하더라도 그러한 큰 도시의 생활권역에서 호랑이를 걱정해야 했다는 점은, 그동안 갖고 있었던 드넓은 평야가 펼쳐진 곡창지대 전라도의 이미지를 일거에 무너뜨렸다.

그렇다. 15세기 전주 사람들은 향교에 호랑이가 나타날까 걱정했던 것이다. 어떻게 그럴 수 있을까? 역사적인 상상력과 스토리텔링은 문헌사료만으로 해결되지 않는다. 결국 이러한 소양은 역사적인 현장에 대한 답사를 통해서만 얻을 수 있는 것이다. 『여지승람』은 15세기 전주를 항목별로 서술한 무미건조한 지리서이지만, 상상이 망상으로 끝나지 않고 그 근거를 확인하게 하는 중요한 문헌일 뿐만 아니라 스토리텔링을 위한 재구성을 기다리는 문헌이기도 하였다.

전주에 가서 해야 할 일은 눈에 보이는 것을 보는 것이 아니라 『여지승람』에서 전하는 경관을 재구성하고 그것을 일상적으로 마주했을 사람들의 심성을 상상하며 그것을 하나의 스토리텔링으로 만들고 역사 컨텐츠로 재구성하는 것이다.

서는 데가 달라지면 경관이 달라지며, 경관이 달라지면 사람들의 심성도 달라진다. 물론, 성리학이 지배하는 사회에서 당대의 사람들이 보편적으로 가지는 공통의 심성도 있을 것이다. 이는 충분히 관심거리가 될 만한 것이지만, 여기서 거론할 것은 아니다. 여기서 관심을 가지는 것은 각 지역의 거주민들이 일상적으로 접하는 지역의 독특한 경관 속에서 다른 지역과 구분되는 심성이 무엇이었을까 하는 점이다.

그러나 그에 앞서 반드시 해야 할 것은 경관을 복원하고 하나의 이야기를 구성하는 것이다. 이미 조선 전기에 해당하는 15·16세기는 오늘날 우리에게는 600년 전의 이야기이다. 오늘날의 전주에서 있는 것을 보는 것은 이러한 경관 복원에 아무런 도움이 되지 않을 것이다. 과거 경관의 문헌적 접근과 재구성, 이를 통한 스토리텔링과 역사 컨텐츠의 발견, 이 글에서는 답사기행의 형식을 빌려 이러한 고민에 접근하는 기회를 가지고자 한다.

삼례역(參禮驛)에 왔으니, 내일이면 전주에 당도하겠구나

삼례역은 서울에서 해남과 통영으로 가는 길의 분기점이었다.『증보문헌비고』에 의하면 삼례를 지나 해남으로 가는 길은 서울에서 제주로 가는 7번째 길이었고, 삼례에서 전주로 가는 길은 서울에서 통영으로 가는 6번째 길이었다. 우리의 목적지는 전주였지만, 삼례에서 전주로 이어진 길은 전주가 끝이 아니었다. 15세기 조선 사람들도 우리처럼 전주를 향해가는 사람과 전주를 지나쳐 가는 사람이 있었을 것이다. 그들에게 삼례는 어떠한 인연이었을까?

오늘날 삼례는 1892년 동학교도들이 펼쳤던 삼례집회로 회자된다. 동학교도들은 최제우 신원을 위해 공주에서 집회를 가진 후, 다시 전라감사 이경직에게 신원을 청하기 위해 삼례에서 집회를 가졌다. 전라도와 충청도의 교도 수 천 명이 모여 전라감사에게 자신들의 의견을 피력하는 집회였다. 삼례를 선택한 것은 충청도와 전라도의 교도들이 모이기 좋은 교통의 요지라는 점도 중요한 이유 중 하나였을 것이다. 그러나 한편으로는 정치적인 압력을 행사해야 할 대상인 전라감사가 머무는 전주로부터 아주 멀지도 않고 그렇다고 한달음에 달려갈 만한 가까운 거리도 아니라는 점이 또 다른 이유였을 수도 있다. 거리가 가까우면, 혹여나 감정적으로 격앙되었을 때 정치적으로 위험할 수 있었기 때문이다. 반대로 거리가 멀면 교도들의 의견을 피력하기 어려웠을 것이다. 즉 이러한 정치적인 이유와 교통의 요지라는 이유로 삼례에서 집회가 벌어진 것은 아닐까?

삼례집회의 흔적을 따라가면서 자연스럽게 현 삼례동부교회가 삼례역터임을 알 수 있었다. 삼례역터인 현 삼례동부교회는 삼례읍 행정복지센터 북쪽 깊숙한 곳에 위치해 있었다. 『여지도서』에 따르면, 삼례역은 역장의 공사방(公事房)과 침실, 손님이 묵는 객방, 통인(通引)이 일을 보던 통인방, 그리고 책방으로 이루어진 24칸 건물이었다. 역 주변에

조선시대 삼례역 자리인 삼례동부교회. 아마 주변에 역촌(驛村)이 들어서 있었을 것이다. (출처 : 필자 촬영)

삼례읍 행정복지센터 주차장에서 바라본 전주 방향. 산을 찾아보기 어렵다. (출처 : 필자 촬영)

는 역촌이 형성되어 있었다. 그러나 지금은 그 흔적을 찾을 수 없었다. 이곳에 예전에 번화가였다는 것을 증명하듯 큰 교회만이 우뚝 솟아 있었다.

현재의 삼례읍 행정복지센터는 2층 누정의 형태로 신축되었다. 그곳에 올라서니 드넓은 평야가 눈앞에 펼쳐졌다. 만경강 유역의 넓은 개활지를 보고 있으니, '탁 트여있다'라는 표현을 이러한 경관을 보고 만들어졌을 것이라는 생각이 들었다. 아마도 전라도에 부임하던 관리들도 이 경관을 보고 우리와 비슷한 생각을 가졌으리라.

따라가기에는 너무 힘든 옛길

　삼례역으로부터 전주로 들어가는 옛길은 여러 매체에서 만경강을 건너 전주천 서안을 따라가다가 추천대(楸川臺) 근방에서 동안으로 건너가는 길로 소개되었다. 그런데 서울대학교 규장각 소장『1872년 지방지도』에 의하면 삼례역에서 전주로 들어가는 역로는 합천교(合川橋)와 추천교(楸川橋)를 건넌 뒤 남천을 한 번 건너고 진북사 근방에서 한 번 더 건너는 것으로 되어 있다.

　현재의 옛길은 대로라는 명칭에도 불구하고 사실 오솔길이나 다름없어 차가 들어가기에는 어려운 길이 대부분이다. 또 예전에는 산을 걸어서 넘고 강을 나루로 건너면서 길이 이어져 있었지만, 현재의 길은 사람보다는 차가 주인이기에 산을 만나면 돌아가고 강을 만나면 다리를 놓아서 길을 이었다. 그렇기 때문에 삼례에서 전주로 들어가는 옛길을 답습하지 못하고, 추천대에 들렀다가 숲정이로 이동하여, 숲정이부터 공북정터에 이르는 옛길을 걷기로 했다.

　추천대는 성종 때 대사헌을 지낸 이경동(李瓊仝, 생몰년 미상)이 전주로 낙향하여 낚시를 즐기던 장소이다. 이경동은 객관(客館) 서헌(西軒)과 진남루(鎭南樓)의 기문(記文)을 작성한 사람으로, 특히 시부(詩賦)에 뛰어났던 것으로 알려져 있다. 서거정(徐居正, 1420~1488)의 문집인『사가집(四佳集)』의 시문(詩文)에서도 여러 차례 언급되는 것으로 보아 당대의 이름깨나 날린 문장가였던 것 같다. 현재 추천대 위에 세워진 정자는 1947년 그의 후손들이 세운 것이라고 한다.

　숲정이는 현재 천주교 성지로 지정되어 있는데, 원래는 이 일대가 모두 비보림(裨補林)이었다. 일설에는 이서구(李書九, 1754~1825)가 전라감사로 부임하였을 때, 전주의 지기가 건지산(乾止山)과 가련산(可連山) 사이 서북방으로 새는 것을 막기 위하여 조성하였다고 한다. 그러나 그보다는 같은 목적으로 조성된 덕진지(德眞池)와 함께 조성된 것이 아닌가 싶다. 지금은 개발되면서 주변에 숲이라고는 찾아보기 어렵게 되었지만, 지금도 조금만 땅을 파도 물이 나오는 모래질 토양이라는 것으로 보아 아마 전주천의 배후 습지였던 곳에 인공적으로 숲을 조성했다고 판단된다. 인공림은 성주 성 밖 숲이 대표적이다.

숲정이로부터 지금은 많은 사람들이 떠나 유령도시처럼 변한 구도심의 주택지 좁은 길은 공북정(拱北亭)으로 향하는 옛길이다. 꼬불꼬불 굽어진 좁은 길을 따라가다가 신작로와 만나는 지점에 도착하면 과거 공북정이 있었던 곳에 도착하게 된다. 공북정터에는 원래 태평동 파출소가 들어서 있었는데, 1998년 인구 감소에 따라 근처의 고사동 파출소에 통폐합되고 지금은 고사동 파출소도 사라졌다.

『여지승람』에 의하면 공북정은 전주부 서북쪽 5리에 위치하였는데, 서거정의 기문에는 부윤이 왕의 명령이나 사신을 맞이하고 왕에게 올리는 전문(箋文)을 전송하는 곳이라고 설명하고 있다. 삼례역에서 역로를 거치면서 최초로 만나는 시설물인 만큼, 왕의 명령이나 사신 영송은 물론, 신구관 영송도 여기에서 이루어졌을 것으로 생각된다. 공북루는 전주부성 밖에 위치하고 있으며, 평지 위에 세워져 있었다. 아마도 공북정은 전주부성 북쪽 일대에서 가장 높은 건물이었을 것이다. 그렇다고 한다면 공북정은 전주부성 안팎의 백성을 대상으로 통치의 권위를 드러내는 상징적인 공간이라 할 수 있겠다.

구관은 역로를 따라 바로 서울로 올라가고 신관은 아마도 공북정에서 서쪽 성벽을 따라 내려오다가 남문으로 들어서서 감영이나 전주부 관아로 들어갔을 것이다. 그리고 그러한 길은 오늘날에도 남아있다. 오늘날 전주 차이나타운을 지나 남문시장을 거쳐 풍남문으로 들어서는 길이 그 길이었던 것으로 보인다.

전주부성, 풍남문에서 사대문까지

최근 전주는 관광지로서 그 위상이 높은 편이다. 이는 물론, 여러 가지 요인이 있겠지만 역시 한옥마을과 전주향교, 전동성당과 경기전(慶基殿), 그리고 풍남문과 남문시장 및 객사로 연결되는 코스가 가장 중요하다고 해도 과언은 아닐 것이다. 실제로 이 지점과 객사 주변 풍년제 과를 벗어나게 되면 관광객을 보는 것은 쉽지 않다. 아기자기한 소품들과 전주의 먹거리들, 서울에서도 궁궐에 가야 볼 수 있는 다양한 한복을 입은 사람들은 확실히 사람들의 이목을 끄는 효과가 있다.

하지만 이 지역은 대부분 과거 전주부성의 바깥에 위치한 지역이며 객사를 중심으로 북쪽으로는 현 영화의 거리 오거리, 동쪽으로는 동문 사거리, 남쪽으로는 풍남문, 서쪽으로는 전주 차이나타운 북쪽 시작점이 전주부성의 사대문이다. 그리고 풍남문에서 객사로 연결되는 도로, 그리고 객사 서쪽으로 빗겨 북문으로 연결되는 도로가 남북으로 연결되는 도로이고, 서문터에서 동문사거리로 연결되는 도로가 동서로 연결되는 도로이다. 얼마 전 보물로 지정된 국립전주박물관 소장 『완산

풍남문에서 바라본 전주부성 내 남북도로. 보이는 길을 따라 북쪽으로 올라가면 객사가 나온다. 지금은 완전히 경관이 달라졌지만, 아마 풍남문을 들어서는 과객은 들어서기 전에는 문의 웅장함에, 들어서서는 번화함에 놀랐을 것이다. (출처 : 필자 촬영)

부지도』를 보면 비록 직선화된 부분이 없지는 않지만 많은 부분이 현재에도 그대로 남아있다. 답사에서 언제나 유념해야 할 것 가운데 하나는 길은 쉽게 바뀌지 않는다는 것인데 여기서도 적용된다.

전주부성 내부 답사의 시작점은 풍남문이었다. 여기서부터는 과거부터 지금까지 남아있는 건물이나 특정한 장소를 기준삼아 『여지승람』의 기록과 대조해가면서 과거를 상상하는 작업의 연속이었다. 콘크리트 건물과 아스팔트 도로는 지워내고, 초가집과 기와집, 다져진 흙길을 상상하며 걷는 것이었다.

이른 아침의 풍남문에는 사람이 거의 없었다. 한양의 경우 성문을 여는 파루(罷漏)는 오경삼점(五更三點, 오늘날 새벽 4시경)이므로 아마 조선

시대에는 이 시간이면 드나드는 사람들로 북적거렸을 것이지만, 오늘날의 풍남문은 사람들이 드나들지 않는 일종의 '죽은 문'이다. 그러나 그것이 꼭 잘못된 것인가 하는 점에는 생각해 볼 여지가 있다. 최근 전주부성을 복원하고자 하는 시도가 있는 모양인데, 과거의 삶도 역사이고 현재의 삶도 역사이다. 오늘날 성곽의 실질적인 효용성이란 없음에도 불구하고 막대한 자금을 들여 이를 다시 복원하고자 하는 것이 과연 의미가 있는지에 대한 여러 가지 생각이 들었다.

컨텐츠란 그런 방식으로 탄생되는 것이 아니기 때문이다. 특히 역사에 관련해서는 그와 어울리는 경관, 그리고 이야기를 기반으로 하여 탄생한다. 가장 대표적인 예가 낙안읍성이다. 낙안읍성은 읍성 내외의 경관이 아니라면 그 가치가 지금보다 반절은 떨어질 것이다. 오늘날 전주의 경관에 읍성 복원이 과연 적절한 컨텐츠로서 기능할 수 있을까? 부정적인 대답이 나올 수밖에 없다.

풍남문 뒤로 객사까지 연결되는 길이 과거 부성 내 남북을 연결하는 도로에 해당한다. 조선시대에는 이 길의 끝에 객사 삼문이 위치하고 북문으로 가기 위해서는 객사의 서편을 돌아 올라가야 했지만, 지금은 객사 동헌이 훼손된 사이로 북문터까지 일직선으로 길이 뻗어 있다. 1907년 전주성곽 철거 작업이 시작되고 1911년부터 시구개정사업이 시작되면서 전주부성 내 길이 크게 바뀌었는데, 아마도 이때 풍남문과 북문을 잇는 길이 다져졌을 것이다. 시간이 흘러 시구개정사업으로부터 이미 100년이 넘은 지금, 그때 다져진 길도 옛길이 되어버렸다.

객사에 도달하기 전 완산경찰서 맞은편 옛 전북도청 자리에는 관찰사영이, 동쪽 맞은편에는 조선 초기 전주에 부윤이 파견되는 시기까지

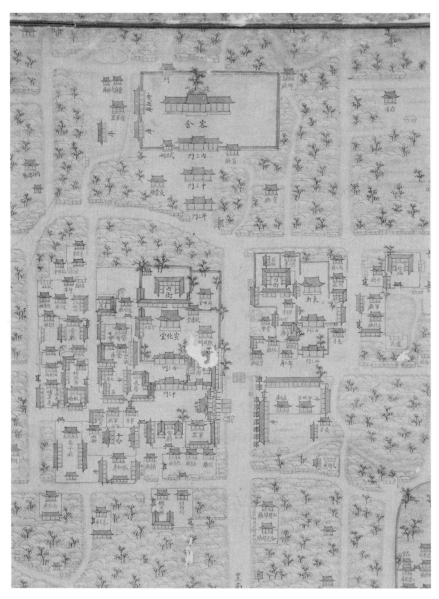

『완산부 지도』의 객사 주변. 객사 앞의 동서축과 남북축 도로가 만나는 지점은 오늘날 전주 경원동 우체국이 있는 지점에 해당한다. 객사 삼문은 아마도 비빔밥으로 유명한 전주중앙회관 건너편부터 시작되었을 것으로 보인다. (출처 : 문화재청)

는 전주부 관아가 위치해 있었다. 옛 전북도청 자리는 현재 발굴과 관찰사영 복원 공사가 한창이다. 최근에는 관찰사 집무실인 선화당(宣化堂) 터가 확인되었다고 하는데, 담장 위로 오랜 세월을 견뎌온 회화나무 한 그루의 모습을 볼 수 있다. 향교와 경기전이 너무 가까워 향교를 부성 서쪽으로 옮겼다는 것으로 볼 때 향교는 조선 세종대까지는 전주부 관아 남쪽에 있었을 것으로 추정된다.

길의 끝에는 전주의 객사인 풍패지관(豊沛之館)이 보인다. 『완산부지도』에는 관찰사영이 끝나는 지점부터 객사 삼문이 위치하는 것으로 표시되어 있는데, 현재 삼문은 남아있지 않다. 시구개정사업으로 삼문이 헐리고 길이 되었다. 관찰사영이 끝나는 지점부터 객관까지 거리가 생각보다 짧은데도 삼문이 있는 것으로 보아, 문이 상당히 촘촘하게 서 있었다고 판단된다. 그렇다면 강릉 객관 앞에 있는 객사문도 삼문 중 내문에 해당하는 것이지 않을까 조심스레 추정해본다.[1] 좌우로 감영과 전주부 관아가 있고 객사에 다다르는 이 길을 얼마나 많은 사람들이 이용했을지 의구심이 있지만, 현 경원동 우체국 지점에서 동서 도로와 만나게 되어 있어 막힌 길이 아님을 알 수 있다.

옛 지도에 표시된 것처럼 객관을 빙 둘러 좁은 길을 꼬불꼬불 걸어가면 옛 북문터와 만나게 된다. 상점이 밀집한 번화가로 변모했기에, 객관을 둘러 북문으로 가는 길은 없어진 것처럼 보였지만 건물과 건물 사이로 난 좁은 골목길로 남아있었다. 골목을 따라 걷다보면 전주 문화 갤러리를 만날 수 있다. 전주 문화 갤러리 앞의 '창극 골목'에 대한 설

---

1   강릉 객사문에 관해서는 본서 159~161쪽 참조

명은 시간의 흐름에 따라 이 길이 어떻게 변화해 갔는지를 잘 보여준다. 조선시대 북문으로 가는 길은 객관의 후원을 둘러 가기 때문에 사람들의 통행이 적은 길이었다. 하지만 일제강점기 때 후원이 없어지고, 전주역이 북문 바로 앞에 들어서면서 많은 사람들이 오가는 길이 되었다. 현재는 전주천 서쪽 지역이 개발되고 전주역도 옮겨가면서, 이 지역은 '시내'로서 젊은이들이 걷는 청춘의 거리가 되었다.

북문터에서 성벽지로 추정되는 길을 따라 동쪽으로 걷다보면 심상치 않아 보이는 오래된 버드나무가 보인다. 이 나무는 과거 전주부성의 동북방 성벽에 붙어 자랐던 것이라고 하는데, 이를 통하여 성벽의 대략적 위치를 추측할 수 있을 듯하다. 정조는 수원 화성 방화수류정에서 습사를 하면서 "버드나무 숲의 그늘에 화살촉이 꽃과 같다[萬柳陰中簇似花]"는 시를 짓기도 했는데, 전주부성 내 동북 지역은 활을 쏘던 진북정(鎭北亭)이 있었다고 한다. 이로써 본다면, 버드나무는 무(武)를 연상시키는 나무라고 할 수 있겠다. 한편, 일설에는 현재 전북대학교 평생교육원 주변이 성벽 동북방에 해당하는 지점이라고도 한다.

과거 동쪽 성벽이었던 곳 주변으로 전주의 명물인 가맥, 즉 가게 맥주의 성지인 전일슈퍼가 보인다. 이곳은 전주를 중심으로 활동했던 시인들이 자주 찾았던 곳이라 한다. 최근에야 편의점 맥주가 유행하여 주택가에서는 민원거리가 되는 수도권 지역과 달리 전주에서는 작은 슈퍼마켓에서 간단한 안주와 함께 파는 가맥은 꽤 오랜 전통을 가진 것이라고 알려져 있다. 이 가맥거리길을 따라가면 동문사거리로 연결된다.

남문·북문보다 동문·서문 지역은 좀 더 한적하다. 하지만, 차이나타운이 있는 서문 지역보다 동문 지역 주변에서 더 많은 사람들을 볼 수 있다. 현재 동문 지역은 주로 문화계에서 활동하는 사람들이 모여 있어 아기자기한 가게나 소품이 많아 제법 구경거리가 있다. 또, 유명한 전주 콩나물 국밥집들이 모여 있어 종종 사람들이 눈에 띄었다. 그렇지만 동문 남쪽은 한옥마을과 연결되어 더 번화한 반면, 동문 북쪽은 아는 사람들만 찾는 곳이라 그런지 조금 더 한산해 보였다.

동문사거리에서 동서로 연결된 도로를 따라 걸으면, 서문터에 도착하게 된다. 남문에서 객관으로 이어지는 도로의 폭과 동문과 서문을 잇는 도로의 폭이 동일하며, 그 폭도 일정하다. 이러한 부분도 길을 걷다 보면 발견하게 되는 것 중의 하나인데, 이러한 것들을 보면 조선시대 사람들의 '정갈함'에 새삼 감탄하게 된다.

서문 터에는 전주부성의 과거 모양과 위치를 보여주는 안내판이 세워져 있어 유용하다. 이 안내판에는 과거 전주부성 내의 시설물은 물론, 일제강점기 때 세워졌던 유명한 랜드마크를 일목요연하게 표시하여 여러 모로 도움이 되었다. 서문은 전주부성 가운데 가장 멀리 헐린 곳이었다. 그래서였을까? 서문 지역은 관광지로 주목받고 있는 남문, 번화가가 된 북문, 문화계 인물들이 모여있는 동문과 달리 차이나타운이 있다는 것을 제외하면 별다른 특색을 찾기 어렵다. 오히려 이곳이 서문이 있던 곳이 맞는가 하는 의심마저 들 정도이다.

북문이나 동문 지역은 현지 주민의 활동으로 공백이 메워지는 모양새지만, 관광객과 관련하여 현재 전주에서 자랑하는 관광 컨텐츠는 대부분 풍남문 방면에 집중되어 있다. 읍성 복원은 아마도 전주시의 이러한 고민이 발현된 프로젝트인 것으로 보이지만, 전주 차이나타운에 대한 체계적인 컨텐츠 개발 없이 읍성 복원만으로는 관광객을 끌어들이기 어려울 것이다. 관광 자원은 결국 문화 자원이고 전주 차이나타운을 문화 자원으로 개발하기 위해서는 먼저 차이나타운의 과거와 현재, 미래를 종합한 스토리텔링이 만들어져야 한다. 왜냐하면 사람들이 많이 찾는 곳은 그곳의 이야기에 흥미를 느끼는 곳이기 때문이다.

그 외의 것들, 그리고 문제의 시발점인 향교의 위치

경기전은 사실 유적지보다는 관광지로서 더 유명하다. 하지만, 경주 집경전(集慶殿)의 소실 이후 경기전은 남한에서 볼 수 있는 유일한 태조 진전으로서 가치가 있다고 할 수 있다. 경기전의 최초 영건은 1410년(태종10)의 일로 초반에는 어용전이라고 하였지만 1442년(세종24)에 경기전으로 명명하였다. 이후 임진왜란 때 모두 소실되고 1614년(광해군6)에 다시 중건되었다. 태조 어진과 관련해서는 여러 차례 부침을 겪었지만, 1872년(고종9)에 어진을 새로 모사하여 봉안한 것이 현재 전해지는 태조 어진이다.

경기전 내부에는 어진 박물관이 있는데 흥미로운 전시를 하고 있었다. 현대에 어진을 다시 모사하여 이를 전시한 것이었다. 그 가운데 가장 흥미롭다고 할 수 있는 것은 영흥 준원전(濬源殿)의 유리건판으로 남아있는 어진을 채색·모사한 것이었다. 이 모사도에 나타난 이성계의 정확한 나이는 알 수 없지만, 장년으로 보이며 상상하는 그대로의 전형적인 무관의 얼굴을 가지고 있다. 오늘날 우리가 보는 이성계의 어진이 노년의 이성계를 바탕으로 한 것이었다면, 준원전의 어진은 이성계라

모사되어 경기전 어진박물관에 전시된 준원전 이성계 어진. 그가 무장(武將)임을 쉽사리 알 수 있을
정도로 특징적이다. (출처 : 전주 경기전 어진박물관, 필자 촬영)

는 인물을 더욱 특징적으로 잘 보여준다고 할 수 있겠다.

다음 일정은 향교의 위치를 확인하는 것이었다. 조선 초기 전주 향
교의 위치는 어느 자료를 찾아보아도 정확한 위치가 잘 비정되지 않는
다. 대체로 오늘날 기전대학과 신흥 중·고등학교, 예수대학교가 있는
전주부성 서편의 화산 밑자락이었을 것으로 추정된다. 일설에는 화산
위의 황화대(黃華臺), 혹은 황학대(黃鶴臺) 아래라고 하는데, 험준한(?) 화
산을 두 번이나 오르고 여러 어르신들께 여쭤 보았으나 황화대를 찾을
수 없었다.

현재 전주향교는 부성의 남동쪽에 위치하고 있는데, 『여지도서』에
의하면 남쪽 성 밖 5리 발산(鉢山) 남쪽에 있다고 하였다. 발산은 이목대
가 있는 곳이며 현재 향교도 사실상 이목대가 있는 발산 기슭에 위치한

것이 맞다. 원래 향교는 화산 기슭에 있었는데, 1603년(선조36)에 이곳에 부임한 전라감사 장만(張晩, 1566~1629)이 이를 현재의 위치로 옮겼다. 이는 아마도 임진왜란 때문에 소실되었기 때문인 것으로 보이지만, 일설에는 이것이 좌묘우사(左廟右社), 즉 동쪽에는 문묘(文廟)가 있는 향교, 서쪽에는 사직단(社稷壇)을 두는 예법과 합치하지 않는다고 하여 옮겼다고 한다. 이를 통하여 볼 때 향교는 사직단보다 더 서쪽에 있었을 가능성이 높다.

특히, 사마재(司馬齋)의 위치가 주목되는데 오늘날 전주의 사마재는 향교에 부속되어 있다. 그런데 『여지도서』에 의하면 원래 사마재는 관아 서쪽 4리에 위치하였다고 하였고, 이 자리에는 1700년(숙종26) 전라감사인 김시걸(金時傑, 1653~1701)이 희현당(希顯堂)을 세웠다고 한다. 잘 알려져 있지 않지만, 현재 신흥중학교 교정에는 2기의 비석이 세워져 있는데 희현당 사적비와 중수비이다. 현재 위치가 비의 원래 위치인 것은 아니고 신흥중학교에서 황화대로 올라가는 방향에 땅에 묻혀 있던 것을 파내 지금의 위치에 세웠다고 한다. 그러나 그 위치에 아주 큰 오차가 있을 것으로 생각되지 않는다.

결국 전주부성 서쪽 화산 자락에는 조선 초기에 사직단과 향교가 위치하였을 것으로 보이는데, 일제강점기 전주신사(全州神社)는 원래 사직단 자리에 세웠다고 하였고 현 기전대학 자리가 일제강점기 신사 자리이므로 아마도 현재 기전대학 위치가 사직단이었던 것으로 보인다. 반면, 사마재의 위치를 감안하면 신흥중학교 서편에 있는 현재 예수대학교 자리가 조선 초기 향교의 위치였을 가능성이 높다. 향교의 건물 배치는 일반적으로 가장 중심 건물인 대성전을 가장 잘 보이는 곳에 두는

신흥 중·고등학교 교정에서 바라본 기전대학. 기전대학 자리에는 일제강점기 전주신사(全州神社)가 위치해 있었고, 조선시대에는 사직단이 있었다. (출처 : 필자 촬영)

것이 일반적임을 감안할 때 과거 향교의 건물 배치는 오늘날 전주향교의 건물 배치인 만화루-대성전-명륜당의 구성이 아니라 가장 높고 잘 보이는 곳에 대성전을 배치하는 만화루-명륜당-대성전의 순으로 구성되었을 가능성이 높다.

향교가 부성 남쪽으로 옮겨 간 이후 이 지역에는 이언적을 배향한 화산서원이 들어섰다. 향교, 서원, 사마재, 희현당에 이르기까지 화산은 전주의 학군(學群)이었던 것이다. 오늘날 화산에는 여전히 학교가 많이 들어서있다. 학교의 겉모습은 바뀌었지만 여전히 책을 읽는 곳이라는 점에서 조선시대 전주의 학군이었던 전통이 오늘날까지 이어져 오는 것이라는 생각이 들었다.

재미있는 것은 동네 주민들에 의하면 화산 일대는 오늘날 신도시 개발로 인하여 아파트가 촘촘히 들어서기 전까지는 인적이 드문 곳이었다고 한다. 지금 화산에 올라가면 지역 주민들이 이곳을 공원으로 이용하고 있지만, 개발 이전에는 화산공원을 이용하는 수요 자체가 적었다는 것이다. 실제로 예수대학교와 병원 사이의 고개를 넘을 때 보이는 서편의 신도시를 생각하지 않으면 이 지역은 매우 황량한 곳이며, 일제강점기 때의 사진을 보아도 인가가 매우 드문 곳이라는 점은 쉽게 알 수 있다. 즉, 『여지승람』에 기재된 것처럼 호랑이나 표범을 걱정해야 하는 것이 과장된 것이 아니라는 의미이다.

아마도 조선 초기 전주의 향교 생도와 후기 전주의 향교 생도들은 매번 향교에 출석할 때 서로 다른 경관을 보았을 것이다. 그런 경관을 바라보며 이들은 무슨 생각을 하였을까? 뿐만 아니라 전주부성과 그 주변 지역의 오늘날과는 확연히 다른 경관을 보면서, 혹은 그 경관을 겪으면서 조선시대 전주부 사람들이 가졌던 생각은 또 무엇이었을까?

일상적으로 호환을 걱정해야 하고 읍성에서 조금만 벗어나도 미개발지에 도달하는 당시의 경험은 그들에게는 일상적이었겠지만, 우리에게는 생소한 것일 수밖에 없다. 그러나 이러한 이해가 중요한 것은 이러한 경험과 생각이 당시 그들의 세계관을 지배하였음은 물론, 오늘날 우리가 접하는 기록에 당연히 전제되어 있을 것이라는 점이다. 이는 앞으로도 과거의 기록을 접하고 이들의 삶을 이야기할 때 언제나 염두에 두어야 할 것이다. 물론, 쉽지 않은 일이지만 말이다.

안렴사를 울린 감동 대작, 경포를 수놓은 뮤지컬

답사기행 : 조선 전기 강릉대도호부를 찾아서

김창회 · 신동훈

'아흔아홉구비'와 대관령(大關嶺)

답사는 가급적 여름을 피하는 것이 좋다. 각 계절마다 색다른 매력이 있지만, 여름의 무더운 날씨와 기습적으로 쏟아지는 소나기까지 감수해야 하는 경우가 적지 않기 때문이다. 걷다 서다를 반복해야 하는 답사의 특성상 이러한 날씨 문제는 때로 답사를 힘들게 만드는 요인이된다. 그럼에도 불구하고 강릉을 답사한 날은 말만 들어도 덥고 눅눅한7월 중순의 어느 날이었다.

강원도에 가는 길은 여러 갈래가 있지만, 오늘날에는 크게 두 갈래로 구분해 볼 수 있을 것 같다. 하나는 서울과 춘천을 잇는 옛 경춘국도를 대신하여 만들어진 서울춘천 고속도로가 있을 것이고, 하나는 인천과 강릉을 연결하는 영동 고속도로가 있다. 그 외의 국도, 지방도 등의 다양한 길이 있지만, 수도권에 사는 사람들이 이용하기에 가장 편리한 길은 아마도 위의 두 도로일 것이다.

한편, 한양에서 강릉에 이르는 길은 『증보문헌비고』여지고의 9대로 (大路)에 구분에 따르면, 제3로로서 현재의 서울 망우동-남양주-양주 -지평-원주-진부-횡계-강릉으로 이어진 길이었다. 이 길은 오늘날에는 국도로 남아있다. 하지만, 산지가 많고 평탄하지 않은 강원도의 도로 사정상 국도와 지방도를 이용한 강릉행은 지나치게 번거로웠다. 게다가 목적지가 강릉이라면 역시 이용하기 편리한 도로는 영동 고속도로이다.

1990년대 초중반, 영동 고속도로는 왕복 2차선이었으며, 중앙분리대가 없는 구간도 있었다. 도로에 가로등도 잘 갖춰져 있지 않아 밤이되면 주변이 온통 캄캄했다. 서울과 지방을 잇는 길이 전체적으로 투박했던 것인지, 아니면 영동 고속도로가 다른 고속도로에 비해 상대적으로 더 거칠었던 것인지 알 수 없지만, 당시 영동 고속도로는 여행객을 긴장하게 만드는 길이었다.

과거의 그 좁고 캄캄했던 고속도로는 이제 확장을 거듭하여 왕복 4차선의 넓고 환한 도로가 되었다. 또, 서울-강릉 간 광역철도가 개통된다고 하니 서울과 강릉 간 소요시간은 크게 단축될 것이고 접근성은 더욱 좋아질 것이다. 즉, 물리적 거리는 변화하지 않았지만, 지리적으로 서울과 강릉은 그만큼 더 가까워진 것이다. 이런 점은 때로 시간의 흐름에 따라 인간의 삶이 얼마나 빠르게 바뀌는지를 보여주기도 한다.

영동고속도로를 타고 가다보면 어느 순간부터 산으로 둘러싸이기 시작하고, 귀가 멍멍해진다. 해발고도가 높아짐에 따라 기압이 변하는 것이다. 강원도에 진입했다는 것에 가장 먼저 몸이 반응한다. 대관령에 도착하면 또 다른 고민이 생긴다. 강릉의 관문과도 같았던 '아흔아홉 구비', 즉 대관령 옛 길로 갈지, 새로 개통된 대관령 터널을 이용할 것인지 하는 것이다.

이런 경우 보통은 직선으로 시원하게 뚫린 대관령 터널을 이용하는 것이 일반적이다. 사실, 대관령 터널 개통 이후 영동 고속도로 대관령 옛 길은 길로서의 기능보다는 주로 관광지의 역할을 하고 있다. 길은 편리해야 길로서 가치가 있다. 한때 길이었어도 그 이익이 사라지면 사람들에게 외면 받고, 결국 길이 아니게 되는 것이 속성이다. 예전에 편리했던 길은 오늘날에는 자전거 대회가 벌어지고 관광열차를 타고 구경하거나 혹은, 과거를 회상하기 위하여 찾아가는 그러한 길이 되었다. 아마도 조선시대 이후 변화한 대다수의 길은 이러한 과정을 거치지 않았을까?

이는 단순히 대관령에서 그치는 문제가 아니라 태백산맥을 넘어 영서에서 영동으로 가는 대다수의 주요 고갯길들이 겪는 문제이다. 시야를 확장하면 산을 넘어가는 고갯길들에게 모두 해당하는 문제일 것이다. 예를 들어 오늘날 미시령 옛 길을 주로 이용하는 교통수단은 의외로 자전거이다. 많은 자전거 이용자들은 자신의 실력을 시험하기 위하여 열심히 미시령 옛 고갯길을 넘는다. 반면 순수하게 속초로 가고자 할 때 이용하는 길은 새로 개통한 터널이다. 이는 충북 괴산에서 경북 문경을 연결하는 고갯길인 이화령도 마찬가지이다.

시대의 변화에 따른 길의 변화는 필연이고 한편으로는 역사이기도 하다. 따라서 길이 바뀌는 것 자체를 한탄할 필요는 없다. 그러나 그러한 변화가 어떠한 의미를 가지고 있고, 어떠한 양상을 보였는지 파악하는 것은 중요하다. 과거의 것을 항상 그대로 간직할 필요는 없다. 하지만 과거의 것을 정확하게 안다는 것은 또 다른 문제이다.

아이러니하게도 편리한 길이 항상 안전한 길은 아니다. 최근 영동고속도로의 여러 터널들은 편리하게 이용되고 있지만 한편으로는 후방 추돌과 같은 교통사고가 빈발하는 위험한 곳이기도 하다. 만약 옛 길을 지금까지 이용하고 있다면 이러한 사고가 지금처럼 빈발했을까? 알 수는 없지만, 최소한 터널에서의 사고는 방지할 수 있었을 것이다. 서울과의 접근성을 향상시킨다는 이유로 터널을 뚫고 고가도로를 놓고 하는 것들이 어쩌면 우리를 아무 생각 없이 목적만을 향해 가도록 만드는 것은 아니었나 돌아보았다.

지금 대관령 옛 길은 교통로로서는 죽은 길이 되었다. 특별한 일이 아니면 사람의 선택을 받지 않는 길이 된 것이다. 지역의 입구로서 강릉을 가기 위해 꼭 거쳐야만 했던, 강릉의 상징인 길이었는데, 지금은 모두로부터 멀어진 길이 된 것이다. 이는 속초로 넘어가는 미시령이라고 해서 예외는 아니다. 시대의 변화에 따라 길도 달라지기 마련이다. 지금도 우리 주변에서 새로운 도로가 신설되고 있고, 그에 따라 교통로가 변하면서 '잊혀진 길'이 발생하고 있다. 길의 변화, 그것을 갈무리하고 기억하여 후세에 전달하는 것도 문화유산이지 않을까?

임영관(臨瀛館)과 강릉 객사문

강릉대도호부성은 대부분 헐리고 성벽의 극소수만이 남아있다. 그 극소수도 석축이 전부 남아있는 것이 아니라 기단부 일부만 남아있는 경우가 대부분이다. 사대문 위치를 알 수 없고, 성의 네 꼭지점의 위치만을 추정하고 있을 뿐이다. 그래서 고려말 건축물로 전해지는 강릉 임영관 삼문(이하 객사문)은 강릉 읍성 답사의 기점으로서 중요한 역할을 한다.

객사문은 강릉 시내 한복판에 위치하고 있으며 국보로 지정되어 있었기에 손쉽게 찾을 수 있다. 일제강점기 때 촬영된 사진을 보면, 남대천이 흐르고 있고 멀리 보이는 산 아래에 강릉 객사를 확인할 수 있다. 가장 뒤에 가장 높이 솟아있으며 좌·우익헌이 보이는 건물이 임영관이고, 그 앞의 건물은 중대청, 그리고 중대청 앞의 기와 건물이 객사문이다. 객사문 좌측 아래에 대도호부 관아가 자리하고 있음을 알 수 있다. 객사터를 발굴 복원하면서 고려시대 유구가 확인되었다는 것, 사진 속의 객사문이 현존하고 있다는 것으로 볼 때, 객사와 객사문의 자리는 적어도 고려 말부터의 그 위치 그대로였다고 판단된다.

객사문을 중심으로 객사를, 칠사당을 중심으로 대도호부관아를 복원해 놓았는데 새롭게 조성해놓은 대도호부관아 입구에서 우리를 반긴 것은 "강릉대도호부관아(江陵大都護府官衙)"라고 쓰여진 현판이었다. 옛 사진으로 인하여 관아 문 위에 루가 있다는 것을 알 수 있지만 그 현액의 글자는 확인할 수 없다. 따라서 현재 "강릉대도호부관아"라고 쓰여진 현판은 복원 과정에서 임의적으로 문구를 정한 것으로 추정된다.

〈그림 1〉 1910년대 강릉 전경(출처 : 오죽헌/시립박물관 내 향토민속관 전시 사진 촬영)

포털의 뉴스사이트를 검색하면 대규모 현판식 개최 뉴스를 쉽게 발견할 수 있는데 어차피 임의로 정할 것이었다면, 마지막 "官衙" 두 글자는 생략하는 것이 어땠을까 하는 생각이 든다.

관아 입구를 통과하여 객관을 바라보면 객사문 앞에 복원된 동헌 건물이 보인다. 그리고 동헌을 돌아가면 객사문이 보인다. 객사문은 현재 강릉 객사의 외문으로 알려져 있다. 그런데 전주부성에서 살펴본 전주 객사는 3개의 문을 가지고 있었다. 또 나주의 객사도 총 3개의 문이 있다. 이로써 본다면 강릉 객사도 3개의 문이 있었음을 유추해 볼 수 있다. 그런데 사진에 보이는 문은 현존하고 있는 객사문 1개뿐이다. 현존

〈그림 2〉 강릉대도호부 복원 배치도(출처 : 필자 직접 촬영)

하는 객사문은 위치로 보았을 때 내문에 해당하는 것으로 판단된다. 따라서 중문과 외문이 있어야 할 텐데 일제강점기 때 촬영된 사진에서는 확인되지 않는다. 따라서 여러 가지 가능성을 생각해 볼 수 있다.

먼저 아문(衙門)을 객사 외문으로 공유했다고 가정해 보자. 하지만 관아와 객사는 그 영역이 뚜렷하게 구분되었기에 쉽사리 단정할 수 없으며, 만약 아문을 공유했다면 중문을 설치하여 어떻게든 영역을 구분했을 것이다. 그런데, 위 사진에서는 중문 또한 보이지 않는다. 만약 중문이 있었는데 소실된 것이라면 복원 과정에서 중문 터가 확인되었을 것

〈그림 3〉 강릉 임영관 삼문(출처 : 필자 직접 촬영)

이며, 그 위치는 현재 복원된 동헌 위치가 적절해 보인다. 하지만 지금
은 동헌으로 복원되어 있다. 처음에는 중문과 외문이 있었고 부영이 객
사와 인접해 있었는데, 어느 시점엔가 두 문과 부영이 소실되었고, 객
사 외문과 부영의 아문이 공유하는 형태로, 객사 중문은 터를 활용하여
동원으로 중건했을까? 아니면 중문과 외문은 처음부터 없던 것일까?
지금으로서는 쉽사리 속단하기 어렵다. 또, 강릉 객사는 특이하게 중대
청이 있다. 이 부분도 다른 지역에서는 확인되지 않는 부분이기에 강릉
객사의 형태를 추정하는 데에 어려움을 더한다.

〈그림 4〉 1910년경 강릉 임영관 전경(출처 : 국립중앙박물관 누리집, 조선총독부박물관 유리건판 열람서비스)

　　객사문을 통과하면 중대청이 자리하고 있다. 중대청은 앞서 언급했
듯이 강릉 객사에서만 확인되는 독특한 형태이다. 객사는 왕의 권위를
상징하기 때문에 위압감을 주기 위하여 크게 건축되었다. 종묘 정전처
럼 넓은 공간에 한눈에 들어오지 않는 건물 크기는 건물을 마주한 사람
에게 위압감을 주기 위한 것이다. 그런데 강릉 객사는 객사문을 통과하
면 중대청이 임영관을 가로막고 있어 객사의 위엄을 보여주기에 좋은
구조는 아니다. 중대청이 존재한다는 독특함 때문에 강릉 객사가 고려
시대부터 자리했음을 반증하는 것이라는 주장도 있지만, 이 건물의 용
도에 대해서 뚜렷하게 밝혀진 바는 없다.

　　중대청을 돌아가면 임영관이 나타난다. 임영관은 전하는 말에 따르
면 고려 태조 대에 창건되었고, 임영관이라는 편액은 공민왕이 낙산사

에 왔다가 강릉에 들렸을 때 썼다고 한다. 공민왕 글씨는 안동 영호루, 영주 부석사 무량수전 등의 편액에서 볼 수 있는데, 현전하는 글씨와는 사뭇 달라 낯설어 보였다. 하지만 추정 외의 섣부른 판단은 무리일 것이다.

객사문을 등지고 바라보면 우측에 칠사당이 있다. 칠사당은 수령칠사(守令七事), 즉 수령이 지역을 통치하면서 해야 할 일곱 가지 일을 가리키는 말로부터 그 이름이 비롯된 것이다. 풀어 말하자면 농사 감독을 잘할 것, 인구를 늘릴 것, 학교를 일으킬 것, 군사 업무를 잘할 것, 세금을 공평하게 걷을 것, 소송 처리를 잘할 것, 교활하고 간사한 것을 잘 다스릴 것 등이다. 수령이 통치 중에 역점을 두어야 하고 수령의 인사고과에 가장 중요한 영향을 미치는 것이 바로 위의 일곱 가지 일이다.

칠사당은 그 이름에서 알 수 있듯이 강릉 부사의 영역이다. 강릉 칠사당은 인조 10년(1632)에 중건했는데, 현재 전해지는 건물은 고종 4년(1867) 화재에 의해 불탄 것을 부사 조명하가 새로 지은 것이라고 한다. 일제강점기에는 일본군 수비대가 사용했고, 광복 후에는 강릉군수 및 강릉시장의 관사로 1958년까지 사용되었다고 한다. 이러한 내력으로 보아 원래는 강릉 부사가 사용했던 건물이었다고 여겨진다. 다만, 조선 전기의 강릉 동헌이 지금의 칠사당과 같은 형태의 건물은 아니었을 것이다.

칠사당을 나와서 마주하는 도로를 따라 걸어 내려가다 보면 구 명주초등학교 앞 삼거리를 만나게 되는데, 이 지점이 강릉 부성의 남벽과 서벽이 만나는 지점이다. 남대천의 범람을 막은 제방 쪽으로 방향을 바꾸면 작은 골목길이 보이는데, 이 길을 따라가다 보면 드문드문 강릉 부성 성벽을 볼 수 있다.

사실 성벽 기단부가 꽤나 온전히 남아 있는데 이를 알아보는 것은 쉬운 일이 아니다. 왜냐하면, 읍성 기단부는 현재 민가의 담벽 기단으로 사용되고 있기 때문이다. 여기저기를 두리번거리는 연구자에게 호의를 가진 지역 주민이 특별히 자기 집의 문을 열고 보여주지 않는다면 사실 모르고 지나치는 경우가 대부분일 것이다.

그러나 단 한 번만 보게 된다면 그 후로는 읍성의 흔적을 찾기란 매우 쉽다. 한국이 근대에 들어선 이후 이루어진 도시 정비에서는 시구개정작업이 특별히 시행되지 않은 도시라도 가장 먼저 읍성 철거부터 이루어졌다.

〈그림 5〉 강릉 부성 남쪽 성벽 흔적. 왼쪽 하단에 툭 튀어나와 보이는 돌이 성벽의 흔적이다.(출처 : 필자 직접 촬영)

그리고 그 철거된 읍성의 성벽 자리에는 과거 성벽 밑의 길과 합쳐져 넓은 길이 만들어지게 된다. 이는 읍성이 있었던 거의 대부분의 도시에서 공통적으로 나타나는 현상이다. 강릉의 경우도 마찬가지라서 성벽 기단부를 따라 들어선 민가를 따라가다 보면, 그 이후에는 성벽의 흔적들을 쉽게 찾을 수 있다.

강릉 부성은 『세종실록』 지리지에 따르면 토축으로 둘레가 784보(步)였다. 『신증동국여지승람』(이하, 『여지승람』) 기록에는 토축으로 된

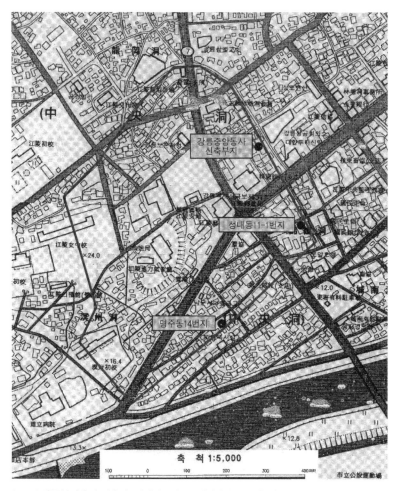

〈그림 6〉 강릉 부성 추정도(출처 : 이창현, 「강릉읍성의 축조과정」 『한국성곽학보』 9, 한국성곽학회, 2006, 그림 1 재인용)

부분이 높이 40자로 둘레 2,108자, 석축으로 된 부분이 높이 2자로 둘레 139자로 기록되어 있다. 문종 대에 강릉, 평창, 영월, 정선의 군인 1500여 명을 동원하여 20일간 축성했다는 기록이 나오는데, 이때의 축성 기록이 토축인 것인지 석축인 것인지 명확하지 않다. 다만 문종 대에 남쪽 성벽 일부분만 석축으로 지은 것이 아닌가 추정된다.[1] 강릉 부성은 1512년(중종7) 석축으로 개축되는데, 둘레 1,782자 높이 9자였다. 즉 기존 토축이던 강릉 부성은 문종 대에 남벽 일부를 석성으로 보축했으며, 중종 대에 부성 전체를 석성으로 개축되었다고 보는 것이 가장 타당하다고 생각된다.[2]

남쪽 성벽을 따라가다 보면, 옛 강릉극장 골목 끝을 마주하게 된다. 이 지점이 남쪽 성벽과 동쪽 성벽이 만나는 부분이다. 성벽이 만나는 꼭지점 부근은 대부분 교차로가 되는 경우가 많다. 그런데 이 지점은 건물이 이어져 있어, 길을 따라 걷지 않았으면 이곳에서 성벽이 꺾인다는 것을 상상하기 어려웠을 것이다.

동쪽 성벽을 상상하며 북쪽으로 올라가다보면, 임당동 성당 후면에 힙겹게 세월을 견디고 있는 성벽 일부를 볼 수 있는데, 여기도 남쪽 성벽과 마찬가지로 담으로 쓰이고 있다. 성당을 지나 좀 더 올라가다보면 현 임영로 155번 길로 향하는 지점을 만나게 된다. 서부시장 쪽으로 들어가는 길이다. 서부시장을 따라 걷다가 강릉문화도서관 앞에서 토성로 쪽으로 방향을 틀어 나오면, 강릉초등학교와 강릉 해랑중학교가 보이는 오거리를 만나게 된다. 성벽은 해랑중학교 건물과 운동장을 가로지르고 현 명주문화원(옛 명주초등학교)을 지나 남대천과 만나게 되는데, 남대천과 만나는 지점이 우리가 처음 성벽을 따라 걷기 시작했던 서쪽 성벽과 남쪽 성벽이 만나는 지점이다. 오거리에서 가장 작은 길을 향해

---

1   이창현, 「강릉읍성의 축조과정」, 『한국성곽학보』 9, 한국성곽학회, 2006.
2   위의 논문, 117쪽.

걸으면 임영관 후면으로 내려오게 된다.

강릉은 큰 도시임에도 불구하고 옛 기록이 소략한 편이다. 더욱이 옛 모습을 간직하고 있는 건축물이 희박하다. 20세기 초까지 존재했던 사대문의 위치를 정확히 비정할 수 없다는 것은 강릉의 위상을 떠올렸을 때 아이러니하게 느껴진다.

최근에 들어서야 남문지로 추정되는 곳이 발견되었고, 또 옛 강릉 부성 안쪽 지역의 관공서나 학교들이 도시의 확장에 따라 이전하고 있다. 따라서 이러한 이전 작업이 어느 정도 이루어지면 국공유지를 중심으로 발굴 작업을 통하여 강릉 부성의 옛 모습을 확인하고 재현하는 데 도움을 줄 흔적들이 나올 것이라 기대하고 있다.

강릉 향교, 향교 학전을 이끌어내다

강릉 객사문을 중심으로 했을 때, 동북쪽으로 올라가면 강릉 향교가 위치하고 있다. 『여지승람』 기록에 따르면, 향교는 고려 김승인(金承印)이 존무사(存撫使)가 되어, 화부산(花浮山) 밑에 처음으로 학사(學舍)를 창설하였다고 한다.

홍귀달의 향교 중수기에는 강릉 향교의 설립 과정이 상세하게 기록되어 있다. 1472년(성종3) 홍귀달이 시어사(侍御史)가 되어 과거 시험장에 나아갔는데, 유독 의관은 남루하나 얼굴에 총기가 가득한 사람들이 눈에 띄어 출신지를 물어보니 모두 강릉 사람이었다.

1484년(성종15) 홍귀달은 강원 감사에 임명되어 강릉에 왔다.[3] 임영관에서 예를 마친 후, 여러 학생을 불러 경전의 뜻을 물었는데, 뜻을 아는 자는 수십여 명이었고, 시 짓기와 논술에 합격한 자가 50여 명이나 되었다고 한다. 지난 1472년의 일이 떠오른 홍귀달은 다음날 향교를 방문하고 강릉 부사 이인충(李仁忠), 전(前) 승지 박시형(朴始亨), 교수 최자점 등과 의논하여, 조정에 향교 중수를 청했다.

강릉대도호부와 삼척 두 진의 병졸을 부려 재목을 모으고 기와를 마련하게 했는데, 그 와중에 홍귀달은 새로운 인사 발령을 받고 서울로 올라갔다. 그로부터 9년 후, 홍귀달은 사간원 정언으로 승진한 교수 최자점을 만나 강릉 향교 중수에 대해서 전해 들었다. 홍귀달이 서울로 올라간 뒤 그 이듬해 대성전과 동무·서무를 지었고, 또 다음 해에 동재·서재·강청 등을 지었고, 또 다음 해에 남루(南樓)와 앞 행낭, 총 70여 칸을 지었다는 것이다.

홍귀달이 서울로 올라간 후 3년여 만에야 비로소 강릉 향교는 완공되었고, 홍귀달은 그 향교가 완성된 지 6년, 서울로 올라온 지 9년이 되어서야 당시 강릉 향교의 교수였던 최자점을 통해 강릉 향교의 소식을 들은 것이다. 물론 이는 최자점이 서울에서 일하는 관직에 임명되고 홍귀달을 만날 수 있게 되면서 전달되었을 것이다. 홍귀달이 강릉 향교의 소식을 듣고도 잊어버렸는지, 아니면 이때 처음 들었는지는 명확하게 알 수 없다. 그러나 홍귀달의 기문이 주는 분위기를 보면 강릉 향교에 대하여 완전히 잊고 살았고 이때 처음 그 소식을 들은 것으로 추측된다.

이러한 정황만을 보자면 지방에서 서울로 올라오는 소식의 전달 속

3 　『여지승람』에는 시어사로부터 14년 후라고 되어 있는데, 『성종실록』에는 1484년으로 되어있기에 『성종실록』을 따랐다.

〈그림 7〉 강릉향교 전경(출처 : 문화재청 누리집, 문화유산정보)

도는 오늘날의 기준으로는 상상할 수 없을 정도로 느리다는 것을 알 수 있다. 사단칠정논쟁 당시 이황이 기대승에게 보내는 편지가 서울을 거쳐 광주로 가거나 서울에서 광주로 가지 못하고 되돌아오는 경우를 생각해보면, 강릉 향교 완공 소식을 담은 발 없는 말이 9년 동안 약 600여 리를 달려 온 것도 이해가 간다.

강릉 향교는 한국전쟁 당시 불타지 않은 몇 안 되는 향교 가운데 하나이며, 일제강점기에 중수했기 때문에 옛 모습이 잘 남아있다.『조선왕조실록』에서 특정 향교가 언급되는 경우는 매우 드문데,『성종실록』에서 향교의 비용을 마련하기 위하여 주어지는 농지인 학전(學田) 지급과 관련해 강릉 향교가 언급되고 있어 주목된다.

1480년(성종11) 4월 16일 성종은 향교 학전 지급에 대한 논의를 제기하였다. 이와 관련하여 신료들은 다양한 의견을 제시하였는데 크게 두 가지 의견이 있었다. 첫째는 부·목 등 지역의 큰 고을에만 학전을 주자는 것이었는데, 이는 군·현 등 작은 고을과 차별을 둘 수 없다는 반론에 힘을 잃었다. 다른 하나는 인재가 주로 배출되는 삼남(충청·경상·전라) 지방에만 학전을 주자는 것이었는데, 이에 대해 강릉·원주 향교에서도 과거합격자가 배출되었음을 근거로 하면서 지역적 차별을 둘 수 없다는 반론이 제기되었다. 결국 한정된 자원을 가지고 몇몇 거점을 선정하고 집중적으로 지원할 것인지, 아니면 고르게 지원하여 모두에게 가능성을 열어줄 것인지 하는 교육 기회 제공의 문제라고 할 수 있다. 1484년(성종15) 말까지 이어진 향교의 학전 지급 문제는 큰 고을과 작은 고을 사이에 그 지급액의 차이는 두었지만 전국에 고르게 지급하는 것으로 결정되었다. 모두에게 고르게 교육받을 기회를 제공하는 것으로 방향을 택한 것이다. 이러한 결정은 선택과 집중의 논리로 교육에 접근하는 오늘날의 교육 정책에 귀감이 된다.

경포, 강릉의 랜드마크

서거정은 운금루의 기문에서 "우리나라 산수의 훌륭한 경치는 관동이 첫째이고, 관동에서도 강릉이 제일이다"라고 했다. 관동8경을 생각할 때, 호불호가 나뉠 수도 있고 찬반이 있을 수도 있지만 관동이 우리나라에서 가장 훌륭한 경치를 가졌다고 주장하는 것은 충분히 이해할 수 있는 일이다.

그런데 관동8경 가운데 강릉에는 경포대만이 위치하고 있다. 그리고 나머지는 다른 고을 곳곳에 흩어져 있다. 그럼에도 불구하고 서거정은 왜 강릉이 관동에서 제일이라 했던 것일까? 강릉 누정의 기문이기에 강릉에 후한 평을 내려줬을 수도 있을 것이지만 한편으로 생각해 보면, 서거정 당대에 관동8경 가운데 제일을 경포대로 인식했던 것은 아니었을까?

강릉 경포대는 1326년(충숙왕 13)에 관동존무사(關東存撫使) 박숙정(朴淑貞)이 현 방해정(放海亭) 북쪽에 세웠으며, 1508년(중종 3)에 부사 한급(韓汲)이 현재의 위치로 옮겼다고 전해진다. 『여지승람』강릉, 경포대조에 기록된 안축의 기문을 보면, 기문을 짓던 당시에는 일반적으로 경포보다는 국도(國島, 현 강원도 통천군 군산리 國島)와 총석(叢石, 현 강원도 통천군)이 명승지로서의 명성이 더 높았던 것으로 보인다. 안축이 박숙정(朴淑貞)의 부탁을 받아 경포대의 기문을 지으면서도 "박공의 본 바가 여러 사람의 평론하는 바와 달라 의구심이 들어, 쉽사리 좋다는 평을 하지 못하고, 한번 유람한 뒤에 기문을 짓기로 생각하였다"라고 했기 때문이다.

즉, 충숙왕 대에 경포대가 세워지기 전까지는 국도와 총석이 관동을 대표하는 명승지였는데, 경포대가 건립된 이후에는 이곳의 이름이 점차 알려져, 서거정이 운금루의 기문을 작성할 즈음에는 경포대가 관동을 대표하는 명승지가 된 것이라고 추정해 볼 수 있다. 그렇다면 경포대가 관동을 대표하는 명승지가 된 것은 어떤 이유였을까?

단순한 우연이거나, 혹은 순전히 그 경관의 수려함 때문이라고 하는 것만으로는 경포대가 짧은 시간에 최고의 명승지로 자리 잡은 이유를 설명하기에는 부족함이 있다. 강릉 향교의 사례를 보았을 때, '입소문'만으로 경포대의 아름다움이 퍼져나가는 데에는 한계가 있었을 것이다. 그렇다면 느린 전파 속도를 극복할 만한 어떠한 계기가 있지 않았을까? 이러한 방향으로 역사적인 상상력을 자극해 본다면 꽤나 흥미로운 얘기를 찾을 수 있다.

『여지승람』에서는 경포대와 관련하여 서거정이 지은 『동인시화(東人詩話)』에 수록된 재미있는 에피소드 하나를 인용하고 있다. 즉, 강원도 안렴사를 지낸 박신(朴信)과 기생 홍장(紅粧)의 이야기이다. 아마 이러한 이야기가 당시 사대부들 사이에 알려지면서 사람들로 하여금 경포대를 가보고 싶어 하는 곳으로 만들지 않았을까 상상해 볼 수 있을 것이다. 원문에서 박신은 박혜숙(朴惠肅)으로 표기되어 있는데 혜숙은 박신이 죽고 나서 받은 시호이다. 이하에서는 원문을 따라 박혜숙으로 표기하기로 한다.

이 에피소드를 정리하여 재구성해보면 다음과 같다. 강원도 안렴사(按廉使) 박혜숙은 강릉 기생 홍장을 사랑했다. 박혜숙이 임기를 마치고 돌아가야 할 때가 되자, 강릉 부윤⁴ 조운흘(趙云仡)은 박혜숙을 위한 이벤트를 준비했다. 박혜숙에게 홍장이 죽었다고 거짓말을 하고 그가 강릉에 왔을 때에 살아있는 홍장을 보여주는, 오늘날로 말하자면 '몰래카메라'를 기획한 것이다.

4　강릉은 고려 공양원 원년에 대도호부로 승격하였고, 『경국대전』에도 대도호부로 등재되었다. 관직도 대도호부사였다. 『조선왕조실록』에도 강릉 부윤은 찾아지지 않는다. 다만 여기서는 『여지승람』의 기록을 따라 부윤으로 칭했다.

홍장이 죽었다는 소식을 들은 박혜숙은 무척 슬퍼했다. 시름에 빠진 박혜숙이 강릉에 오자 조운흘은 박혜숙을 위로한다는 명분으로 경포대에서 뱃놀이를 준비했다. 한편으로는 박혜숙 모르게, 곱게 단장한 홍장과 신선처럼 꾸민 노인을 화려하게 치장한 배에 태우고 조운흘의 신호에 맞춰 접근할 수 있도록 준비했다. 그 배에는 '신라 적 늙은 안상(安詳)이 천 년 전 풍류를 아직 못 잊어 사신이 경포에서 놀이한다는 말 듣고, 꽃다운 배에 다시 홍장을 태웠노라.'라는 시가 걸려있었다.

만반의 준비가 끝나고, 뱃놀이가 시작되었다. 뱃놀이가 중반에 접어들고 해가 기울어 갈 때 쯤, 조운흘의 손짓과 함께 멀리서 대기하고 있던 홍장이 탄 배가 움직이기 시작했다. 홍장이 탄 배는 느릿느릿 물가를 배회했다. 조운흘과 박혜숙은 동해 쪽을 바라보고 있었다. 조운흘은 박혜숙에게 술을 한 잔 따르며, "이 곳에는 옛 신선의 유적이 있고, 산 꼭대기에는 신선이 차를 끓이던 아궁이가 있습니다"라고 말했다. 박혜숙은 그런 조운흘의 말에 대구도 없이 묵묵히 술을 한 잔 들이켰다. 박혜숙은 빈 잔에 술을 한 잔 더 따르며, "또, 이곳에서 멀지 않은 곳에 한송정이 있는데, 그 정자에 네 신선의 비석이 있습니다. 지금도 신선들이 가끔 이곳과 한송정을 오고간다고 합니다. 간혹 꽃피는 아침과 달밝은 저녁에 그들을 본 사람도 있다고 합니다만, 글쎄요. 혹시 오늘 우리가 그들을 볼 수 있을지 모르겠습니다"라고 말했다. 박혜숙은 고개를 숙이고 잔속에 가득찬 술을 바라보다가 이내 "산천이 이와 같이 아름답고 풍경은 참으로 기이하나, 그것을 즐길 정황이 없소"라고 답했다. 조운흘이 박혜숙을 바라보니 금방이라도 울음을 터뜨릴 것만 같았다. 그런 박혜숙을 바라보던 조운흘은 웃음을 참느라 연신 애를 썼다.

〈그림 8〉 경포대 전경(출처 : 문화재청 누리집, 문화유산정보)

　　조운홀은 추가 신호를 보냈다. 조운홀의 신호와 함께 조운홀이 탄
배에서 연주하던 악공들의 손이 바빠지기 시작했다. 곡조가 바뀌면서
하늘에서 선녀가 내려올 것만 같은 곡조가 울려 퍼졌다. 거문고와 피리
소리가 서로 얽히며 아름다운 운율을 그리고 있었다. 홍장이 탄 배가
경포를 크게 선회하는 것 같더니, 박혜숙이 탄 배를 정면으로 마주보며

다가오기 시작했다. 그때 조운흘이 운을 띄었다. "저기를 보십시오, 혹 저들이 그 신선들이 아닐까요?" 조운흘의 말에 박혜숙은 고개를 들어 조운흘이 가리키는 곳을 바라보았다. 조운흘은 다가오는 배를 주시하다가 본인도 모르게 자리에서 일어났다. 그리고 뱃머리를 향해 움직였다. 크게 울려 퍼지던 음악소리도, 산을 넘어가던 해도 박혜숙에게는 들리지도, 보이지도 않았다. 두 배가 조우했을 때, 박혜숙은 자리에 주저앉고 말았다. 신선이 배에 타고 있으며, 그 신선 앞에서 홍기(紅妓)가 노래하며 춤추는데 마치 그 모습이 지난날의 홍장을 보는 것 같았기 때문이다. 박혜숙은 안렴사로서의 체면은 온데간데없이, "저저저······신선이 나타났습니다"라고 소리쳤다. 바로 그때 조운흘이 "잘 보십시오! 저들이 진정 신선입니까?"라고 물었다. 박혜숙은 고개를 가로 젓고 눈을 비비며 다시 홍기를 바라보았다. 홍장이었다. 그 순간 배에 있던 모든 사람들이 손바닥을 치며 한참을 웃었다. 잠시 동안 얼빠진 표정을 짓던 박혜숙은 홍장을 끌어안아 번쩍 들어올렸다. 눈물과 웃음이 동시에 터져 나왔다. 박혜숙은 그 순간 조운흘이 자기를 골려먹었다는 사실을 잊어버린 채 조운흘에게 연신 고맙다는 말을 쏟아냈다. 서울로 돌아간 박혜숙은 얼마 후 조운흘에게 "소년 적에 절(節)을 잡고 관동을 안찰할 때, 경포대 놀이하던 일 꿈속에도 그리워라. 대 밑에 다시 배 띄우고 놀 생각 있으나, 붉은 단장과 늙은이가 비웃을까 염려된다"라는 시를 보내왔다.

무대는 경포대, 소재는 지역의 신선 설화, 주악이 울려 퍼지는 야외 공연, 조운흘은 박혜숙을 위한 뮤지컬을 기획하고 관객을 감동시킴으로써 흥행에 성공했다. 박혜숙이야말로 이 공연의 관객이자 진정한 주인공이었던 것이다. 오늘날의 말로 하자면 '관객 참여형 뮤지컬'이라고 할 수 있지 않을까?

관직명이나 조운홀 및 박신의 경력을 보면 이 사건은 조선 건국을 전후하여 있었던 일로 보인다. 고려 말부터 조선 초기 어느 때인가 있었던 이러한 사건이 각색되어 이야기로서 널리 퍼져나가고 그 사건의 무대로서 갖는 프리미엄이 더해져 관동 제일의 자리를 강릉이 차지할 수 있었던 것은 아닐까?

과거 영동의 대읍이었던 강릉의 위상과 달리 오늘날 강릉은 역사적인 컨텐츠로 접근하고자 하면 참으로 빈약하다. 오죽헌 등 몇몇 유적지를 제외하면 사실 강릉에서 접할 수 있는 역사적인 컨텐츠는 거의 없다고 할 수 있다. 물론, 이는 강릉만의 문제는 아니고 동해안에 접한 대다수의 도시가 그러하다. 한 여름의 피서지로서 지역에 접근하는 관광객을 충분히 수용할 수 있기 때문에 그러할 가능성이 높지만, 그것에 그친다면 강릉의 역사와 문화는 마치 아흔아홉구비와 같이 사라지고 변질될 것이다.

그것이 흐름이라면 그것대로 좋지만, 이러한 스토리는 강릉의 역사적·문화적인 강점을 보여준다. 다른 지역에 이러한 에피소드를 찾기 어려운 점을 감안한다면 이는 오히려 재발견하고 기억되어야 할 문화유산인 것은 아닐까?

중국소비자의 문화적 특성 차이와 브랜드 태도

김주원

1. 연구 문제제기 및 필요성

중국은 하나의 나라가 아니다(오마에겐이치 2002; Enright, Scott and Changet 2005). 중국은 서로 다른 지역 간에 분명한 문화적 차이가 존재하고(Child and Stewart 1997; 백권호 · 안종석 2004; 홍준형 · 김용준 2006), 지역마다 상이한 자연적, 역사적 생존환경을 가지고 있다.

중국의 각 지역은 오래 전부터 서로 다른 역사와 문화 전통을 가져왔고 또 근대 이후의 역사도 각각 서로 다른 발전 과정을 겪어 왔다. 그리고 이러한 서로 다른 경험들은 소비자들에게 하나의 문화적 기억이 되어 근본적으로 기호나 취향과 깊은 관련이 있는 소비행위에도 적지 않은 영향을 끼쳐 왔다(홍준형 · 김용준 2006).

중국과 같이 오랜 역사와 광활한 영토, 그리고 서로 다른 배경을 가진 다양한 민족으로 구성된 나라의 경우에는 여전히 각 지역 마다의 독특한 문화적 요소를 무시할 수 없다. 중국의 이천년을 알려면 시안(西安)을, 오백년을 알려면 북경(北京)을, 백년을 알려면 상해(上海)를, 그리고 중국의 최근 10년을 알려면 광주(廣東)를 보라(楊東平 1994)는 주장이 있다. 이 가운데 시안(西安)을 제외한 세 도시는 황하(黃河), 장강(長江), 주강(珠江) 유역을 중심으로 하는 화북문화(華北文化), 강남문화(江南文化), 영남문화(嶺南文化)의 핵심 도시로 전통과 현대가 교차하는 지점에서 각 지역의 독특한 문화를 새롭게 재창조하고 이를 다시 주변지역으로 파급시켜온 지역문화의 중심지이다. 북경(北京), 상해(上海), 광주(廣州)가 갖는 이러한 시공간적 특성은 각각의 도시로 하여금 지역성과 역사성, 그리고 당대성을 겸비한 그 도시만의 독특한 문화적 특성을 형성시켰고, 이는 가치관이나 문화심리 등의 형태로 현재까지도 이 지역 시민들의 생활방식과 소비자 행동에 중대한 영향을 미치고 있다.

문화적 특성과 관련된 기존연구에서는 현지시장의 문화적 특성이 내수시장의 사업개발과 경영성과에 영향을 미친다(Douglas and Dubois 1977; Schneider and De Meyer 1991). 이와 같은 사실은 지역 간의 문화적 차이를 인식하고 의사결정에 반영해야 좋은 경영성과를 낼 수 있다는 것이다. 또한 기업의 국제경영활동과 문화 간의 관계에 대한 기존의 논의들은 문화적 차이가 기업전략에 영향을 미치는 주요 요인이라는데 동의한다(Douglas and Dubois 1977).

그런데 그동안 대부분의 연구들은 문화를 단지 국가와 동의어로 간주하여 사실상 국가 간의 차이만을 기술하는 경향이 있다(Child 1997). 그렇지만 이제는 비교대상 국가의 조직이나 사회구성원들에게 표준화된 측정도구를 사용하여 그들의 반응을 단지 국가별로만 비교하는 것이 아니라 관찰된 차이를 설명할 수 있는 적절한 이론체계의 개발과 제시된 이론의 타당성 및 개념들의 문화적 비교 타당성을 검증하는 연구들이 필요하다(서용원 1996; 이철 1995). 체계적인 문화비교를 위해서는 문화를 공통된 차원으로 구별하고 비교할 수 있어야 한다.

이와 관련해 본 연구는 문화특성을 국가차원이 아닌 지역차원에서 분석하는 것이 의미가 있다고 본다. 그런데 현실적으로 중국의 지역별 문화특성이 무엇이고, 지역 간에 문화특성의 차이가 무엇인지, 그리고 중국의 지역 간 문화특성에 따라 중국소비자의 브랜드 태도가 어떻게 나타나는지에 대한 실증 연구가 거의 없는 실정이다.

따라서 본 연구는 중국이 주요 도시를 중심으로 각 지역마다의 문화특성을 파악하고, 그 문화적인 특성이 중국소비자의 브랜드 태도에 어떤 영향을 미치는지를 실증 분석하고자 한다. 이는 최근 한국 제품의 중국 진출이 크게 증가하고 있는 상황에서 중국소비자의 문화적 차이와 브랜드 태도에 관한 실증연구를 통해서 차후 중국내수시장 진출 및 제품 진입 시에 중국 지역별 문화적 차이에 따른 소비자 반응을 효율적으로 이용하여 기업의 경영성과를 극대화하는 전략적 시사점을 제공하는 의의가 있다고 보기 때문이다.

2. 이론적 배경 및 연구가설

1) 문화적 특성과 소비자 행동

문화의 개념 및 정의는 학자마다 다양하게 정의하여 사용하고 있다. 일반적으로 문화는 다른 사람으로부터 한 인간적인 집단을 분리하는 특징과 관련해서 동질적인 특징을 갖고 있다. 또한 문화는 규범, 가치, 그리고 제도와 관련한 사회적인 성격을 제공한다. 그리고 국가적인 차원에서 문화라는 것은 특정 사회에서 전형적인 개인가치 우선권을 얻기 위해 시도하는 것이며 공유되는 문화적응과 관련하여 중심적인 취지를 반영하는 것이다(Schwartz 1999).

또한 문화는 주어진 사회에서 행동적인 규범을 일으키는 신념, 가치, 관습 등의 학습된 총체로서 정의될 수 있다(Yan 1994). 그리고 문화는 사람들이 사회의 구성원으로서 소유하고, 생각하고, 행동하는 모든 것을 포함하며(Ferraro 2002), 문화의 영향을 받은 개인적인 가치관에 의해 종종 소비자의 구매태도와 소비자 의사결정을 드러낸다.

이러한 문화는 광범위하게 소비자 행동에 영향을 미친다. 이것은 소비자가 선택하는 제품이나 서비스가 그 당시 우세한 문화적 이상을 반영하기 때문에 문화와 소비자 행동은 서로 영향을 주는 상관관계가 있다고 볼 수 있다. 따라서 소비자의 행동을 올바로 이해하고 파악하기 위한 개념으로 문화적 요인이 중요하다고 할 수 있다.

이와 관련하여 한 나라의 문화적 가치는 오랫동안 소비자 행동에 영향을 미치는 요인으로서 규명되어 왔다(Roth 1995; Sommers and Kernan 1967).

대체적으로 문화의 영향력은 광고(Laroche et al. 2001), 시장진입방식(Brouther and Brouthers 2001), 소매전략(Bello and Dahringers 1985), 인터넷 사용(Quelch and Klein 1996), 쇼핑전략(Akerman and Tellis 2001), 다국적 마케팅(Salk and Brannen 2000), 그리고 마케팅 환경(Doran 2002)등을 포함한 마케팅활동의 다양한 측면에서 언급되어 왔다.

그리고 Hofstede(1991)는 문화를 특정 환경에 속하는 사회구성원을 구별하는 집단적인 정신프로그램이라고 언급하였다. Hofstede(1991)에 의하면 문화는 개개인의 특성이 아니며, 동일한 교육과 생활경험에 의해 조건화 된 수많은 사람들의 집단적 특성이다. 즉 문화는 각 개인이 가지는 인간본성이나 개성과는 구별되며 사회구성원 모두가 공유하는 것이다.

이처럼 문화는 가치와 윤리 같은 추상적인 사고들을 포함하며, 어떤 조직이나 사회와 구성원들 사이에 공유된 의미, 의식, 규범, 전통의 축적일 뿐만 아니라 사람들에 의해서 생산되고 높이 평가된 자동차, 의복, 음식, 예술, 스포츠 같은 물리적 대상과 서비스로 표현되기도 한다. 이것은 문화가 소비자 행동에 미치는 영향이 광범위함을 의미한다. 또한 앞에서 언급하였듯이 소비자들에게 도시의 문화적 기억이 소비행위에 영향을 끼치고(홍준형·김용준2006), 현지시장의 문화적 특성이 내수시장의 경영성과에 영향을 미치고(Douglas and Dubois 1977; Schneider and De Meyer 1991), 그리고 문화적 차이가 기업전략에 영향을 미치는 주요 요인(Douglas and Dubois 1977)이 된다. 또한 지역적인 문화특성에 따라 브랜드 태도도 다르게 나타난다(零點調査 2004).

이와 같은 내용을 종합해 볼 때 문화적 특성이 중국소비자의 행동에

영향을 미친다고 보아 다음과 같은 가설을 설정하여 실증 분석하고자
한다.

가설 1 : 문화적 특성은 중국소비자들의 브랜드 태도에 영향을 미칠 것이다.

한편 보통 비교문화 연구 분야에서 문화 간 비교를 하기 위하여 문화
적 차이를 측정했다. 국제경영 및 국제마케팅 연구들은 국가들 간의 문
화적 차이를 설명하기 위하여 문화적 거리의 측정을 선호하고 있다
(Shenkar 2001). 그러나 문화의 개념이 학자들에 따라 다양하게 정의되는
만큼 문화적 거리를 측정하기 위한 척도, 차원, 그리고 측정방법 등을
개발하는 것은 쉬운 것이 아니다(Boyacigiller et al. 1996).

본 연구에서는 Hofstede(1980)의 4가지 문화차원을 사용하여 문화
특성을 측정하였다. Hofstede(1991)는 문화차원이 문화의 특성을 측정
가능케 하는 문화의 측면을 의미하며 실제로 여러 사회내의 문화적 현
상을 구분 가능케 하는 역할을 한다고 하였다.

그리고 Hofstede의 문화차원은 국가 간 문화적 차이를 설명하는데
유용한 개념적 틀로 사용되고 있지만, 마케팅과 국제경영분야(Nakata
and Sivakumar 2001)는 물론 개인적인 가치관, 신념, 그리고 행동패턴(Hofs-
tede 2001) 등 다양한 학문 및 실무분야에서도 널리 사용되고 있다.

Hofstede(2001)는 국가 간에 문화적 다양성이 존속할 뿐만 아니라
새로운 기술이 국가 사이에 그리고 국가 내에 문화적 차이를 증가하게
했다고 언급하였다. 보통 국가 간의 사업거래는 서로 다른 사회활동의
가치체계와 상호작용 하는 것을 포함한다. 그렇지만 비록 국가의 범위

가 항상 동질적인 가치체계와 조화를 이루는 것은 아닐지라도, 공유되는 문화를 창조하고 유지하기 위하여 국가의 범위 안에 강한 영향력이 있는 것이다(Rokeach 1973; Hofstede 1980).

현실적으로 소비자들은 다양한 나라에 존재하므로 기업들은 현지의 문화에 대응해야 한다(Bower 2005). 특히 중국과 같은 나라는 거대한 지역으로 분할되어 있으므로 각 지역의 지방문화에 대응하는 기업전략이 불가피 한 것이다. 이는 소비자들이 지역 및 국가의 문화적인 특성에 따라 소비자 편익에 대한 준거기준을 갖게 되기 때문이다. 따라서 국제 마케터들은 문화적 특성 차이와 관련한 소비자 준거기준의 영향이 무엇인지 이해할 필요가 있다(Deshpande, Farley, and Webster 2000).

그리고 중국은 지역마다 서로 다른 문화적인 특성을 갖고 있고(Child and Stewart 1997; 백권호·안종석 2004; 홍준형·김용준 2006), 지역적으로 광범위하여 지역별 문화적 차이에 따른 이질적인 특성을 갖고 있다(Cui and Liu 2001; Swanson 1998). 선행연구에서 Cui와 Liu(2000)는 중국 내 경제권별로 시장구조와 소비자 라이프스타일이 뚜렷한 차이를 보이며, 특히 중국 소비자들의 구매력, 태도, 구매패턴 등이 지역별로 유의적인 차이가 나타난다고 하였다. 또한 Swanson(1998)은 중국 내수시장마케팅을 위해서는 중국 지역 간의 불균형에 대한 이해가 중요하다고 하였다. 이것은 광대한 중국을 하나의 시장으로 볼 수 없으며 특히 중국의 개혁개방 이후에 지역 간 경제적 발전의 불균형에 따른 서로 다른 소비성향과 라이프스타일로 인해 하나의 동질적 특징을 지닌 소비시장으로 볼 수 없다(오마이겐이치 2002; Enright et al. 2005; 김용준 외 2007)는 시각이다 따라서 본 연구에서는 다음과 같은 가설을 설정하여 실증 분석하고자 한다.

가설 2 : 중국은 주요 지역 간에 문화적 특성의 차이를 보일 것이다.

2) 중국소비자의 문화특성에 따른 브랜드 태도

(1) 중국소비자의 브랜드 태도

일반적으로 브랜드 태도는 소비자가 어떤 특정 브랜드에 대해 갖는 긍정적 혹은 부정적 감정의 양이라고 할 수 있다. 흔히 브랜드 태도는 어떤 특정 제품에 대한 전반적인 이미지 그 브랜드가 갖고 있는 현저한 속성, 편익 간의 강도와 호감의 정도에 따라 형성된다(Keller 1993). 이는 브랜드 태도가 브랜드 이미지에 의해 형성된다고 볼 수 있는 것이다. 그런데 브랜드 이미지는 어떤 특정 브랜드에 대해 갖는 전체적인 인상을 의미하며 브랜드와 관련된 연상의 호감, 강력하고 차별적인 특성들로 결합되어 구축된다(Aaker 1996b; Keller 1993). 또한 브랜드 이미지는 브랜드 개성과 상표와 연합된 제품속성이나 편익, 사용용도, 그 상표와 연합된 감정들을 포괄한다고 할 수 있다. 심지어 브랜드 및 제품의 원산지 이미지도 브랜드 이미지 형성에 직간접으로 영향을 미친다.

기존연구를 보면, 브랜드 원산지 이미지가 직간접적으로 소비자의 구매 의도나 브랜드 충성도에 영향을 미친다(Lin and Kao 2004; Piron 2000). 예컨대 원산지 이미지는 제품의 품질 지각을 통해 시장성과에 영향을 미치고(Teas and Agarwal 2000), 지각된 제품가치를 통해 브랜드 구매에 영향을 미친다(Hui and Zhou 2002). 또한 국가이미지는 해당 국가 제품의 품질지각에 긍정적인 영향을 미치고(안종석 2005), 국가이미지가 호의적일수록 그 국가에서 생산한 제품을 더 좋게 평가한다(김용준·김주원·문철

주 2007). 이와 같은 연구들은 브랜드 이미지가 브랜드 태도 및 소비자 행동에 영향을 미치는 요인이 되고 있음을 알 수 있다.

그리고 브랜드 태도는 소비자가 갖고 있는 욕구에 따라 형성될 수 있다. 소비자의 욕구는 기능적 욕구와 상징적 욕구가 있으며, 이러한 욕구를 충족시키는 브랜드에 대해 소비자는 좋은 이미지를 가질 수 있고 태도 또한 긍정적일 수 있다(Bhat and Reddy 1998). 가령 기능적 특성의 제품과 감각적 특성의 제품을 선택하여 외국 브랜드 명이 소비자가 제품을 지각하고 평가하는 데 미치는 영향에 대해 실험 분석한 결과, 외국어로 된 브랜드명이 소비자의 지각과 태도에 영향을 미쳤다(Leclerc, Schmitt, and Dube 1994).

특히 중국시장은 개혁개방 이후에 외국 브랜드 및 외국상품이 급격히 증가되기 시작함에 따라 외국 브랜드에 대한 중국소비자들의 선호도가 크게 증가하였다. 중국소비자는 외국 브랜드가 세련미, 후광효과, 현대성, 그리고 품질이 좋다고 평가하고(Li and Gallup 1995), 국내브랜드보다 외국 브랜드를 더 선호하는 경향이 있다(Wang and Chen 2000). 보통 중국소비자들이 외국 브랜드를 선호하는 것은 외국 브랜드들을 가지고 있는 상징적 가치 때문이다(Zhou and Hui 2003). 심지어 강한 자국중심주의 성향을 가진 소비자도 원산국의 이미지에 대한 긍정적인 생각을 가지면 외국제품이 더 우수하다고 평가한다(Yagci 2001).

그리고 소비자들은 특정 브랜드에 대한 좋은 이미지를 가짐으로써 브랜드에 대한 좋은 태도를 나타낼 수 있다. 이는 기업의 브랜드 이미지가 장기적으로 소비자의 브랜드 태도 및 충성도에 영향을 미치기 때문이다(Aaker and Keller 1990; Keller 1993). 또한 어떤 특정 브랜드에 대해 강력하고 호의적인 태도를 가지고 있다면 그 브랜드는 파워가 있다고 할 수 있다. 본 연구에서는 Aaker(1996a)가 제시한 브랜드 자산의 원천이라고 할 수 있는 브랜드 인지도, 이미지 연상, 지각된 품질로써 브랜드 파워를 측정하였다.

중국소비자의 브랜드에 대한 선호도는 지역 간에 서로 다른 차이를 보이고 있다. 즉 베이징 소비자들은 상품구매 시에 상하이, 광저우 소비자에 비해 가격보다는 브랜드를 중시하며 국산품을 선호한다. 그리고 상하이 소비자들은 브랜드, 품위를 중시하지만 제품의 질과 가격을 동시에 꼼꼼하게 따지면서 수입품을 선호한다. 또한 광저우 소비자들은 개인 생활의 질을 가장 중시하며 유명브랜드에 크게 좌우되지 않고 제품의 질과 가격을 가장 중요시하는 실리적인 소비성향을 나타냈다(零點調査 2004). 이와 같은 연구들이 대부분 시사하고 있는 바는 광범위한 지역의 중국소비자들이 모두 동질적인 브랜드 태도를 보이는 것이 아니고 지역적인 문화특성에 따라 브랜드 태도도 다르게 나타난다고 볼 수 있다.

특히 본 연구에서는 중국이 개혁개방 이후 점차적으로 개인주의 문화가 발달되고 있고, 또한 불확실성 회피 문화의 차이가 지역 간에 존재하므로 이에 초점을 맞추어 아래와 같이 실증 분석하고자 하였다.

(2) 중국소비자의 개인/집단주의 문화특성에 따른 브랜드 태도

중국인들은 개혁개방 이후에 상당히 개인주의적인 성향으로 전환되었고, 중국 사회가 이미 개인의 능력에 따른 소득분배의 시장경제체제의 도입, 독생자 정책 등으로 개인주의가 조장될 개연성이 커졌다(백권호·안종석 2004). 개인/집단주의는 사회구성원이 집단 내에서 함께 일을 하려는 성향으로서 조직에 대한 개인의 독립성과 의존성의 정도를 나타낸다. 또한 개인주의는 "나를" 집단주의는 "우리들" 로서 대조된다 (Hofstede 2001).

개인주의 문화는 사람들 간에 느슨한 인연의 특징을 갖고 있으며, 사람들은 주로 그들 자신과 육친을 돌보는 것을 기대한다. 사람들은 개인주의 문화에서 다른 사람들보다는 자기 자신의 관심에 초점을 맞춘다(Dwyer, Mesak and Hsu 2005). 또한 개인주의와 집단주의 문화차원은 홀 (Hall and Hall 1987)의 고배경 문화와 저배경 문화 유형과 매우 비슷하다 (Hofstede 2001; Gudykunst and Ting-Toomey 1988). 고배경 문화에서의 커뮤니케이션은 의사전달자의 배경, 가치관 등에 더 많은 정보가 포함되어 있으므로 실제로 구두로 나타내는 메시지에는 정보가 적게 포함되어 있고, 저배경 문화에서의 커뮤니케이션은 메시지가 명백하고 실제의 대화를 통하여 대부분의 정보가 교환된다.

Hofstede(2001)는 고배경 문화에서의 커뮤니케이션은 집단주의 사회에 적합하고 저배경 문화에서의 커뮤니케이션이 개인주의 문화의 유형이라고 주장하였다. 그런데 집단주의 문화에서는 신제품 도입과 관련하여 사회구성원들 간에 커뮤니케이션에 대한 기회를 더욱 많이 제공해야 하며(Takada and Jain 1991; Tellefsen and Takada 1999), 대중을 통해 확산하는 것이 효율적이다(Rogers 1983; Tellefsen and Takada 1999). 즉 이것은 집단주의 문화에서 제품에 대한 확산이 가속화된다는 것이다. 반면 개인주의 문화에서는 사람들 간의 관계가 상대적으로 느슨하고 사람들이 집단주의 문화에서 만큼 통합되지 않는다. 그런 까닭에 커뮤니케이션 경로에 있어서 정보의 흐름이 줄어든다. 바꾸어 말하면 개인주의가 낮은 문화에서의 사회적 네트워크는 정보의 중요 원천으로서 도움이 되는 것이다(Hofstede 2001).

또한 개인주의 문화는 사회적인 구조를 우선하기 보다는 자신과 개인적인 가족을 돌보는 것을 더 먼저 생각하는 경향이 있으며(Hofstede 1980), 이에 기업들은 개인의 편익에 초점을 맞추려는 경향이 있다(Cutler, Erdem and Javagi 1997). 그리고 개인주의가 낮은 문화에서는 획일주의와 비밀주의가 높은 경향이 있다(Salter and Niswander 1995).

한편 집단주의 문화는 신제품 혁신 수용에 관한 커뮤니케이션 배경을 제공하며 이것과 반대되는 현상이 개인주의 문화라는 사실이다. 그러므로 기술적인 제품 혁신의 확산은 개인주의 문화가 높은 지역에서 더 낮다고 본다.

통상적으로 개인주의에 상반되는 집단주의 문화는 비교적 유교 문화권에 속하는 한국, 일본, 중국의 소비자들에게 강하게 나타나는 현상이라 할 수 있다. 이것은 흔히 집단주의 문화가 전통적인 가치 문화의 일부분이며, 개인주의 문화는 서구 문화의 대표적인 가치 문화라고 할 수 있기 때문이다. 그런데 집단주의와 개인주의의 차이는 한 개인이 의사결정을 내릴 때 얼마나 자신이 속해 있는 집단의 요구를 고려하는가에 달려 있다(이철 1995).

일반적으로 전통적인 가치는 가족주의, 권위주의, 관료주의의 성향이 강하기 때문에 예절과 체면을 중히 여기고 인정주의 사상을 불러일으킨다. 이와 같은 가치의 소유자들은 제품의 권위성과 위신을 중시하기 때문에 유명 브랜드를 선호하고 유명 회사 제품을 신뢰하는 경향이 높게 나타난다고 할 수 있다. 따라서 집단주의 성향이 높은 사람은 의

복을 통해서 자신의 지위나 신분을 나타내고자 하는 의식이 높을 것으로 예상되며 수입의복 착용을 통하여 이러한 욕구를 충족시키리라 예상된다(Yau 1989). 이와 같은 내용들을 미루어 볼 때 집단주의 문화에서는 브랜드 파워가 있는 유명 브랜드나 외국 브랜드를 선호하는 경향이 높은 것으로 짐작된다. 반면에 개인주의 문화는 독립심, 개인 간의 경쟁, 개인 성취욕, 자기만족, 자유 그리고 개인의 쾌락 등을 강조하는 경향이 있으며, 일반적으로 개인주의는 개인적인 성취를 소중히 여긴다(Hofstede 1980). 즉 개인주의 문화는 소비자의 개인적인 편익에 초점을 맞추는 경향이 있다(Cutler, Erdem, and Javalgi 1997).

따라서 본 연구는 개인주의가 높은 문화특성을 지닌 지역의 소비자들이 개인주의가 낮은 문화특성을 지닌 지역의 소비자들보다 제품의 질이나 가격 등을 신중하게 고려하는 구매태도를 나타낸다고 본다. 또한 중국시장은 개혁개방 이후에 외국 브랜드 및 외국 상품이 급격히 증가되기 시작함에 따라 외국 브랜드에 대한 중국소비자들의 선호도가 크게 증가하고, 국내 브랜드보다 외국 브랜드를 더 선호하는 경향이 있고(Wang and Chen 2000), 특히 외국 브랜드들이 가지고 있는 상징적 가치 때문에 중국소비자들은 외국 브랜드를 선호한다(Zhou and Hui 2003)고 본다. 이상과 같은 논의를 바탕으로 다음과 같은 가설을 제시하여 실증분석하고자 한다.

가설 3 : 개인주의 문화성향의 소비자들보다 집단주의 문화성향의 소비자들이 브랜드 파워가 있는 외국 브랜드에 대하여 더욱 호의적인 태도를 보일 것이다.

(3) 중국소비자의 불확실성 회피 문화특성에 따른 브랜드 태도

일반적으로 불확실성 회피가 높은 문화에서는 소비자들이 위험을 줄이기 위해서 제품의 질을 더욱 중요하게 생각한다(Nakata and Sivakumar 2001). 소비자들이 제품의 품질을 중요하게 생각하는 것은 문제를 예방하고 위험을 줄이는 한 방법으로서 설명될 수 있다(Roth 1995). 이와 같이 소비자들이 제품의 품질을 중요하게 생각하는 것은 소비자행동에 있어서 브랜드에 대한 태도로 볼 수 있으며, 불확실성 회피 문화가 높은 지역의 소비자일수록 제품의 품질을 중시하는 브랜드 태도를 지녔다고 볼 수 있다.

그리고 불확실성 회피가 높은 문화는 비전문가적인, 획일주의적인, 보수적인, 그리고 비밀적인 성향이 있다(Salter and Niswander 1995). 또한 개인 및 조직 간에 결속력이 더 강하고(Money, Gilly and Graham 1998), 문제해결과 문제예방에 더욱 초점을 두는 경향이 있다(Roth 1995).

Hofstede(2001)는 불확실성 회피가 낮은 문화에서는 알려지지 않은 상황, 사람, 그리고 관념에 대하여 불확실한 편익을 보다 많이 제공하려고 한다고 한다. 특히 새로운 기능적인 속성을 지닌 기술적인 제품은 이미 소개되었고 소비자들에 의해 사용된 제품과 비교하여 새로운 것이고 입증되지 않은 것을 포함한다. 이와 같은 견해는 크게 보면 기술적인 제품들을 불확실하거나 알려지지 않은 실체로서 생각할 수 있는 것이다(Tellefsen and Takada 1999). 그러므로 특별히 불확실성 회피 문화가 높은 잠재적인 수용자들은 제공되는 제품의 편익에 관해 확신하지 않을 것이고, 그 결과 제품의 구매를 미룬다는 것이다. 실제로 Rogers(1983)는 불확실성이 신제품 확산에 영향을 미치는 것을 발견하였고, Hofstede(2001)

는 불확실성 회피 문화가 낮은 경우에 최근의 기술적인 혁신제품의 사용이 더 크다는 것을 주장하였다.

또한 Veryzer(1998)는 불연속적인 신제품과 관련된 소비자의 편익과 위험에 관한 소비자의 불확실성 회피가 제품평가에 영향을 미치는 중요한 요인이라는 것을 발견하였다. 이와 유사하게 Tellis와 Stremer-sch, 그리고 Yin(2003)등은 불확실성 회피 문화가 높은 것 보다 불확실성 회피 문화가 낮을 경우에 신제품 출시의 도입부터 제품의 급속한 성장단계까지 더욱 신속하게 발전한다는 것을 발견하였다.

통상적으로 혁신과 관련되어 있는 불확실성은 불확실성 회피 문화가 낮은 경우에 증가해야 하는 것이다. 그런 까닭에 불확실성 회피가 낮은 문화는 불확실성을 신속하게 더욱 관대히 다루는 것이고(Kale 1995), 불확실한 상황 또는 알려지지 않은 위험을 받아들이는 의지를 갖고 있는 것이다(Hofstede 2001). 이것은 어떤 상황에 대한 예측과 확실성에 대한 욕구에 있어서 불확실성 회피가 높은 문화인 경우에 혁신적인 제품을 선택할 가능성이 더욱 적다는 것이다. 즉 불확실성 회피 문화가 강하다는 것은 혁신적인 제품에 저항하는 것과 연관되어 있는 것이다(Hofstede 2001). 또한 Jan-Benedict, Hofstede, 그리고 Wedel(1999)은 불확실성 회피 문화가 높은 소비자들이 불확실성 회피 문화가 낮은 소비자들에 비해서 더욱 혁신적이지 않다는 것을 발견하였다. 이것은 오히려 불확실성 회피가 강한 소비자들이 브랜드 파워가 강한 제품에 대한 선호도가 더 높을 것으로 사려 된다. 또한 앞에서 언급하였지만 중국소비자들은 외국 브랜드가 세련미, 후광효과, 현대성, 그리고 품질이 좋다고 평가하고(Li and Gallup 1995), 국내 브랜드보다 외국 브랜드를 더 선호하는 경향이 있다(Wang and Chen 2000)고 한다. 따라서 이상과 같은 논의들을 종합하여 다음과 같은 가설을 설정하여 실증 분석하고 자 한다.

가설 4 : 불확실성 회피 문화 성향이 낮은 소비자들보다 불확실성 회피 문화 성향이 높은 소비자들이 브랜드 파워가 있는 외국 브랜드에 대하여 더욱 호의적인 태도를 보일 것이다.

3. 연구방법

1) 표본 및 자료수집

중국의 자동차 시장은 급속도로 성장하고 있다. 중국은 '94년 자동차공업산업정책'을 제정해 2010년까지 자동차산업을 국민경제의 기간산업으로 육성시킬 계획을 마련했다. 특히 2001년 WTO가입과 2008년 베이징 올림픽의 유치를 계기로 중국자동차 시장은 예상보다 빠르게 성장하고 있다. 2002년에 중국자동차 규모는 약 325만대로 세계 5위에 랭크되었고, 2003년 6월에는 개인용 승용차 보유량은 1000만대를 돌파하였다. 그리고 2005년 중국의 자동차 생산량과 판매량은 각각 571만 대, 576만 대로 2004년 대비 각각 12.6%, 13.6% 증가했다. 또한 2006년 중국자동차 생산량과 판매량은 각각 729만 대, 721만 대로 달해, 생산량에서는 독일을 제치고 미국, 일본에 이어 세계 3

위, 내수판매량에서는 일본을 제치고 세계 2위가 되었다. 이러한 중국의 자동차시장의 급속한 성장은 세계 메이저 자동차산업들을 중국에 끌어들였다. BMW, GM, Ford를 비롯하여 Honda, Toyota, Nissan, 프랑스의 푸조, 한국의 현대, 기아 등 상당수의 자동차 업계가 중국 내 생산 거점을 확보와 중국내수시장을 공략하기 위해 이미 진출해 있는 등 글로벌 완성차업체의 활발한 중국진출은 중국자동차시장을 미국에 이은 제2의 올림픽시장으로 만들었다. 중국의 자동차시장이 세계의 자동차 시장에서 차지하는 비중이 커짐에 따라 중국은 세계의 자동차 산업뿐만 아니라 한국의 자동차 산업에도 큰 영향을 미치는 주요 시장으로 부상하게 되었다. 이에 본 연구에서는 자동차 제품을 선정하여 중국소비자를 대상으로 설문조사를 실시하였다.

본 실증 연구를 위한 자료조사는 중국의 조사업체에 의뢰하여 베이징, 상하이, 광저우에 거주하는 18세 이상부터 60세 미만인 성인 남녀 1,500명을 대상으로 실시되었다. 표본은 지역, 연령, 성별의 각 수준에 비례를 유지하기 위하여 할당표본추출을 시행하였다. 본 실증분석을 위한 표본의 인구통계적 특성은 전체대상 1,500명 가운데 남자가 750명(50%), 여자가 750명(50%), 연령별로는 18~29세 375명(25%), 30~39세 375명(25%), 40~49세 375명(25%), 그리고 50~59세(25%)의 분포를 나타냈으며, 또한 지역별로는 베이징, 상하이, 광저우에서 각각 500명씩이다.

2) 변수의 조작적 정의 및 측정

Hofstede(1991)는 문화차원이 문화의 특성을 측정 가능케 하며 실제로 여러 사회내의 문화적 현상을 구분 가능케 하는 역할을 한다고 한다. 특히 중국과 같은 나라는 중국 내의 여러 지역에서 지역별 문화가 존재한다.

따라서 본 연구는 중국 내에서 각 지역별로 관찰된 문화적 특성을 파악하고 측정하기 위하여 Hofstede(1980, 1991)의 문화특성 하위차원의 개념을 이용하여 모든 항목을 7점 리커트 척도로 측정하였다. 먼저, 권력거리는 특정 문화내의 사회구성원들이 조직 내의 계층이나 불평등한 권력의 배분을 기대하고 수락하는 정도를 의미하는 것으로서 4개의 측정항목을 사용하였다. 개인주의/집단주의는 사회구성원이 집단 내에서 함께 일을 하려는 성향으로서 조직에 대한 개인의 독립성과 의존성의 정도를 나타내는 것으로서 3개의 측정항목을 사용하였다. 그리고 불확실성 회피는 한 문화의 구성원들이 불확실한 상황 또는 알려지지 않은 상황에 의해 위협을 느끼는 정도를 의미하는 것으로서 3개의 측정항목을 사용하였다. 또한 장기지향성은 Hofstede와 Bond(1988)의 연구에서 추가된 차원으로 유교적인 철학 가치를 가지고 있는 정도를 나타내며 특정 사회가 관습적이고 역사적인 관점이 아니라 실용적이고 미래지향적인 관점을 갖는 정도를 의미하는 것으로서 4개의 측정항목을 사용하였다. 한편, 본 연구는 사전조사에서 남성성/여성성 차원을 측정하는 신뢰도가 낮게 나와 제외하였다.

그리고 브랜드 태도와 관련하여 브랜드 선호도에 대한 측정은 중국

소비자들이 브랜드에 대하여 어떤 호의적인 인식을 갖고 있는지를 파악하고자 한충민(1998년)의 연구에서 사용하였던 브랜드 태도에 대한 측정항목을 활용하여 중국소비자들이 전반적으로 지각하는 품질에 대한 신뢰성, 제품에 대한 흥미성, 그리고 제품을 좋아하는지 싫어하는지에 대한 호의성 등의 항목으로 7점 척도를 이용하여 측정하였다.

한편 본 연구에서는 중국소비자들이 자동차를 평가할 때에 순수한 국내 브랜드 인지, 외국 브랜드 인지, 또는 합작 브랜드인지에 따라 그 선호하는 것이 다르다는 것을 감안하였다. 본 연구에서는 합작 브랜드를 외국 브랜드가 중국과 합작계약을 체결하여 중국에서 생산하여 중국에서 판매하는 제품의 브랜드를 합작 브랜드로 조작적 정의하였다. 즉 현대자동차가 중국에서 생산한 베이징현대(北京現代)차, 혼다자동차가 중국에서 생산한 광저우혼다(广州本田) 등의 제품들을 합작 브랜드 제품이라고 하였다. 이는 중국소비자를 대상으로 베이징현대차, 현대차, 광저우혼다차 그리고 혼다차를 국산 브랜드와 외국 브랜드로 인식하는지에 대한 사전조사를 통해서 조작적 정의 한 것이다.

또한 사전조사결과, 국내 브랜드 보다 외국 브랜드에 대한 브랜드 파워가 더 크게 나타났다. 본 연구에서 브랜드 파워는 Aaker(1996a)가 제시한 브랜드 자산의 원천이라고 할 수 있는 브랜드 인지도, 이미지 연상, 지각된 품질을 기본적인 구성요소로 하여 자동차 브랜드에 대한 인지도와 이미지 그리고 지각된 품질로써 평가하였다. 이에 본 연구에서는 브랜드 파워가 낮은 제품으로 중국 국내 자동차 브랜드인 중화 자동차를, 브랜드 파워가 높은 제품으로 외국 브랜드인 현대 자동차(소나타 수입)를 실증 연구대상 제품으로 선정하였다.

4. 연구결과

1) 측정변수에 대한 신뢰성과 타당성 검증

본 실증연구에 사용된 구성된 개념들의 신뢰성을 측정하기 위하여 Cronbach's alpha계수를 이용하여 분석하였다. Cronbach's alpha계수는 반드시 몇 점 이상이어야 한다는 기준은 없지만 흔히 0.8~0.9 이상이면 바람직하고, 0.6~0.7이면 수용할 만한 것으로 여겨지는데, 분석결과(〈표1〉 참고) 모든 변수의 알파계수가 0.7 이상으로 나타나 신뢰

〈표 1〉 측정변수의 신뢰성과 타당성 검증

변 수		회전된 성분 행렬				알파 계수
		요인1	요인 2	요인 3	요인 4	
장기 지향성	검소함	0.84	0.22	0.07	0.04	0.843
	안전정서유지	0.77	0.28	0.13	0.08	
	전통 존중	0.74	0.10	0.06	0.24	
	인내와 근면함	0.73	0.31	0.19	−0.06	
권력 거리	불평등은 존재	0.32	0.73	0.15	0.03	0.725
	자녀들에 대한 평등	0.33	0.70	0.12	−0.02	
	지위가 높은 사람들의 특권	0.22	0.66	0.04	0.22	
	조직의 권한 집중	0.32	0.64	0.17	−0.03	
불확실성 회피	위험에 대한 느낌	0.13	0.05	0.80	0.10	0.721
	경솔하게 행동	0.23	0.19	0.71	0.06	
	공격성과 감정 표출	0.01	0.16	0.58	0.32	
개인/ 집단주의	조직의 이익이 중요함	0.06	0.00	0.04	0.81	0.701
	사화 추구하는 방향은 복지	0.08	0.10	0.21	0.72	
	인간관계가 중요함	0.19	0.21	0.17	0.56	
eigenvalue		5.389	1.699	1.069	1.003	
pct of var (총 60.70%)		34.68%	10.66%	8.09%	7.27%	

성이 확인되었다. 또한 타당성 검증에서는 요인들의 고유치가 1 이상, 요인부하량도 대부분 0.60 이상으로 나타남으로 타당성이 확보되었다. 이는 흔히 요인부하량이 0.50 이상일 때 실제적 유의성을 갖는 것으로 받아들일 수 있기 때문이다.

2) 가설검증

(1) 문화특성이 브랜드 태도에 미치는 영향 검증결과

본 연구에서는 먼저 중국 주요지역 소비자의 문화특성이 브랜드 태도에 미치는 영향을 확인하기 위하여 외국 브랜드 제품과 중국 국내 브랜드 제품을 구분해서 다중회귀분석을 실시하였다. 분석결과⟨표 2⟩ 참고), 외국 브랜드($F=13.85$, $p<.01$)와 국내 브랜드($F=11.09$, $p<.01$)의 회귀식이 모두 유의한 것으로 나타났다. 또한 외국 브랜드 제품에서는 개인/집단주의($p<.05$), 불확실성 회피($p<.01$), 그리고 장기지향성($p<.01$)이 브랜드 태도에 유의한 영향을 미치는 변수로 나타났다. 반면, 국내 브랜드 제품에서는 개인/집단주의($p<.01$), 불확실성 회피($p<.01$)가 브랜드 태도에 유의적인 영향을 미치는 변수로 나타났다. 이런 결과는 문화특성 변수들 가운데 외국 브랜드이든지 국내 브랜드든지 간에 개인/집단주의적 변수와 불확실성 회피 변수가 중국소비자들의 브랜드 태도에 통계적으로 유의한 영향을 미치는 공통적인 변수임을 알 수 있다. 이와 같은 결과를 통해 볼 때 가설 1은 부분적으로 지지되었다. 한편, ⟨표 2⟩에서 보듯이 공차한계의 값이 .10보다 크며, 분산팽창요인(VIF)의 값이 10보다 작은 값을 나타내고 있음으로 다중공선성의 문제는 없다고 할

구분	문화특성	비표준화		표준화 계수	t-값	유의 확률	F	공선성 통계량	
		B	표준 오차	베타				공차 한계	VIF
외국 브랜드	상수	4.01	0.20		19.81	.000***	13.85 ***		
	개인/집단주의	0.069	0.029	0.064	2.33	.021**		.871	1.148
	불확실성 회피	0.111	0.029	0.105	3.89	.000***		.893	1.120
	권력거리	−0.024	0.03	−0.022	−8.15	.415		.888	1.126
	장기지향성	0.102	0.024	0.112	4.228	.000***		.926	1.080
국내 브랜드	상수	3.051	0.229		13.33	.000***	11.09 ***		
	개인/집단주의	0.112	0.033	0.092	3.36	.000***		.871	1.148
	불확실성 회피	0.102	0.032	0.085	3.15	.000***		.893	1.120
	권력거리	0.054	0.034	0.043	1.59	.112		.888	1.126
	장기지향성	0.032	0.027	0.031	1.16	.241		.926	1.080

***p<0.01 **p<0.05 *p<0.1

수 있다.

한편 본 연구는 추가분석으로 중국 주요지역 간에 제품평가 차이가 있는지를 검증하였다. 중국 주요지역별 제품 평가 차이를 파악하기 위해 F-검증 결과, 베이징, 상하이, 그리고 광저우 간에 브랜드 평가가 서로 차이가 있는 것으로 나타났다(F=6.004, p<0.01). 아래의 〈표 3-1〉과 〈그림 1〉을 보면, 베이징, 상하이, 광저우 모든 지역에서 국내 브랜드 보다 외국 브랜드를 더 선호하며, 이중 베이징이 외국 브랜드를 가장 높게 평가하고 상하이와 광저우는 큰 차이가 없는 것을 알 수 있다. 그러나 중국 주요지역별의 브랜드 평가들 간의 사후검증결과 〈표 3-2〉를 보면, 베이징과 상하이, 베이징과 광저우 간에는 통계적으로 유의한 차이가 있고, 상하이와 광저우는 유의적인 차이가 아님을 알 수 있다.

〈표 3-1〉 중국 주요지역별 브랜드 평가 결과(평균, 표준편차)

	외국 브랜드	국내 브랜드
베이징	5.13(1.05)	3.84(1.39)
상하이	4.87(1.18)	4.47(1.22)
광저우	4.95(0.98)	4.35(1.07)
합계	4.99(1.07)	4.22(1.26)

〈표 3-2〉 중국 주요지역별 브랜드 평가 사후검증

(I) 지역	(J) 지역	평균차(I-J)	표준오차	유의확률
베이징	상하이	(0.19)*	0.06	0.00***
	광저우	(0.18)*	0.06	0.00***
상하이	베이징	0.19 *	0.06	0.00***
	광저우	0.01	0.06	0.84
광저우	베이징	0.18*	0.06	0.00***
	광저우	(0.01)	0.06	0.84

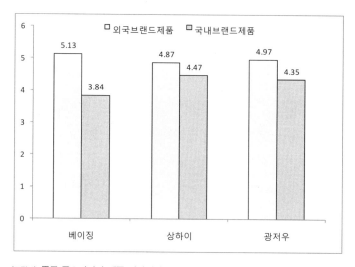

〈그림 1〉 중국 주요지역별 제품 평가결과

(2) 문화적 특성에 따른 지역 간 차이 검증결과

본 연구는 중국의 지역별 문화특성 차이에 따른 브랜드 태도 차이를 파악하기위하여 먼저 지역별 문화특성 차이를 ANOVA분석을 통해 검증하였다. 지역별 문화특성 차이를 검증한 결과 〈표 4-1〉과 〈표 4-2〉와 같이 나타났다. 〈표 4-1〉에서 나타난 것과 같이 지역 간의 문화특성의 차이는 통계적으로 유의하게 나타났다(F=22.041, p<.01). 또한 지역별 문화특성인 장기지향성, 권력거리, 불확실성회피, 그리고 집단주의의 F 검증결과도 〈표 4-2〉와 같이 통계적으로 유의하게 나타났다. 따라서 중국을 대표하는 베이징, 상하이, 광저우 3대 도시의 문화적인 특성이 지역 간에 통계적으로 유의한 차이가 있음을 알 수 있다. 이와 같은 결과를 토대로 가설 2는 지지되었다.

이런 결과로 볼 때, 베이징은 상대적으로 다른 지역보다 집단주의 성향과 불확실성 회피 성향이 높게 나타났다. 이는 베이징이 원대(元代) 이래 현재까지 약 800여 년 동안 줄곧 중국의 수도로서 명실상부한 중국 정치, 사회, 문화의 중심지에 따라 장기간에 걸친 왕도에서 생활한 베이징 사람들로 하여금 사회구성원이 조직 내의 계층이나 불평등한 권력의 배분을 수락하는 정도가 높고, 사회구성원이 집단 내에서 함께 일을 하려는 성향이 높고, 집단 내에 함께 일을 함으로써 불확실성 회피를 높이려 하고 전통적인 사회습관들이 많다는 것을 알 수 있다.

그리고 베이징 지역이 상하이나 광저우보다 장기지향성이 더 높게 나타났다. 이것은 장기지향성이 실용적이고 미래지향적인 관점을 갖는 정도로 조작적으로 정의하여 검소함, 안전정서 유지, 전통 존중, 인내와 근면함이라는 측정항목으로 측정한 결과로 본다. 이와 같은 결과는 베이징이 실용적이고 미래지향적인 관점을 추구하는 이면에는 아직도 앞에서 언급하였던 전통적 사회습관 속에 전통과 안전을 존중하고 인내가 자리 잡고 있다고 할 수 있겠다.

또한 베이징은 왕도문화 및 귀족문화, 상하이는 조계문화, 그리고 광저우는 변방문화라는 점(홍준형·김용준 2006; 김용준 외 2007; 김용준 외 2009)을 통해 유추할 수 있겠다. 즉 베이징 소비자는 소비자의 문화적 욕구와 지위적 만족도를 충족시킬 수 있는 정치적 상징과 감성적 기분 등의 전통적 요인과 안전정서를 중시하는 데 비해, 상하이는 "조계(租界) 상업문화"지로서 비교적 실리적, 개방적, 심미적인 소비성향을 나타내면서 동시에 변화하는 트랜드를 지향하거나 명품을 추구하는 의식이 높아짐으로 전통과 안전정서 그리고 검소함이 상대적으로 낮아 장기지향성이 베이징에 비해 낮다고 볼 수 있겠다. 그리고 광저우는 "개항·변방문화"지로서 광저우 소비자들은 자긍심과 중심의식보다는 변방의식이 내재되어 변화하는 상황 속에 실리적인 측면을 중시하는 경향이 높으나 또한 전통을 존중하고 안전정서를 유지하려는 의식이 상대적으로 낮아 베이징에 비해 상대적으로 장기지향성 정도가 낮다고 볼 수 있겠다.

이런 결과는 장기지향성이 실용적이고 미래지향적이나 그 이면에는 전통을 존중하면서 안전정서가 기본적으로 깔려 있으면서 인내와 근면 검소함을 추구하고 있다는 것으로 유추할 수 있겠다.

〈표 4-1〉 베이징 상하이 광저우 3개 도시의 문화적 특성 차이 검증

소스	제III 유형 제곱합	자유도	평균제곱	F	유의확률
문화특성	80.89	1	80.89	93.742	.000 ***
문화특성 * 지역	38.04	2	19.02	22.041	.000 ***
오차(문화특성)	1291.75	1497	0.86		

***p<0.01 **p<0.05 *p<0.1

〈표 4-2〉 베이징 상하이 광저우 3개 도시의 문화적 특성 차이 검증

	베이징	상하이	광저우	F
장기지향성	5.77(0.79)	5.03(1.01)	4.89(1.41)	90.88***
권력거리	4.99(0.93)	4.70(0.78)	4.51(1.09)	32.65***
불확실성 회피	5.05(0.87)	4.74(0.85)	4.57(1.18)	30.27***
집단주의	5.06(0.93)	4.82(0.82)	4.71(1.15)	17.65***

***p<0.01 **p<0.05 *p<0.1

(3) 개인/집단주의 문화특성에 따른 브랜드 태도 검증결과

본 연구에서는 중국소비자들의 문화특성에 따른 중국소비자들의 브랜드 태도를 검증하기 위해서 개인/집단주의 문화특성에 따른 브랜드 태도를 검증하였다〈표 5〉와 〈그림 2〉 참고). 검증결과, 개인/집단주의에 따라 브랜드 태도에 차이가 있는 것으로 나타났고(F=6.10, p<0.01), 또한

〈표 5〉 개인주의 특성에 따른 브랜드 태도 검증

소스	제III 유형 제곱합	자유도	평균제곱	F	유의확률
개인/집단주의	8.76	1	8.76	6.10	.001***
브랜드 파워	344.27	1	344.27	23.58	.000***
개인/집단주의 *브랜드 파워	20.54	1	20.54	14.29	.000***
오차	4305.09	29996	0.86		
합계	74982.769	30000			

***p<0.01 **p<0.05 *p<0.1

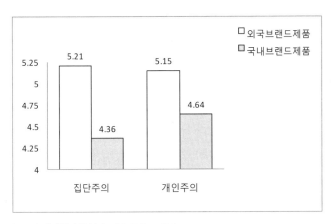

〈그림 2〉 개인주의 특성에 따른 브랜드 태도

브랜드 파워에 따라 브랜드 태도에 차이가 있는 것으로 나타났다(F=23.58, p<0.01). 그리고 개인/집단주의와 브랜드 파워 간의 상호작용효과가 통계적으로 유의하게 나타났다(F=14.29, p<0.01).

〈그림 2〉에서 보듯이, 중국소비자들은 개인주의든지 집단주의든지 간에 대체적으로 외국 브랜드를 더 선호하는 것으로 나타났다. 또한 집단주의 소비자들은 개인주의 성향의 소비자들보다 브랜드 파워가 높은 외국 브랜드를 더 호의적으로 평가하는 것으로 나타났다. 그렇지만 개인주의 성향의 소비자들은 브랜드 파워가 높은 외국 브랜드를 선호하지만 브랜드 파워가 낮은 국내 브랜드도 집단주의 소비자보다 상대적으로 더 선호하는 것을 알 수 있다. 이는 개인주의가 높은 소비자들은 브랜드 파워에 따라 제품을 평가하는 것도 있지만 가격이나 원산지와 같은 다른 속성에도 의하여 제품에 대한 구매태도를 갖는 것으로 볼 수 있다. 이상의 결과를 종합해 볼 때 가설 3은 지지되었다.

(4) 불확실성 회피 문화특성에 따른 브랜드 태도 검증결과

불확실성 회피 문화 성향이 낮은 소비자들 보다 불확실성 회피 문화 성향이 높은 소비자들이 외국 브랜드에 대하여 더 호의적인 브랜드 태도를 보일 것이라는 가설 4를 검증하기 위해서 불확실성 회피의 문화특성에 따른 브랜드 태도에 대한 평가를 검증하였다. 검증결과 〈표 6〉에서 보듯이, 불확실성 회피 성향에 따라 브랜드 태도에 차이가 있는 것으로 나타났고(F=6.58, p<0.01), 또한 브랜드 파워에 따라 브랜드 태도에 차이가 있는 것으로 나타났다(F=16.21, p<0.01). 그리고 불확실성 회피 문화특성과 브랜드 파워 간에 상호작용효과가 나타났고 통계적으로 유의하게 나타났다(F=20.49, p<0.01). 이에 불확실성 회피 문화특성에 따른 브랜드 태도에 대한 평가 검증결과를 〈그림 3〉으로 나타내었다.

〈표 6〉 불확실성 회피 문화특성에 따른 브랜드 태도 검증

소스	제III 유형 제곱합	자유도	평균제곱	F	유의확률
불확실성 회피 성향	10.09	1	10.09	6.58	.001***
브랜드 파워	254.98	1	254.98	16.21	.000***
불확실성 회피 * 브랜드 파워	31.45	1	31.45	20.49	.000***
오차	4596.302	29996	1.53		
합계	73832.087	30000			

***p<0.01 **p<0.05 *p<0.1

〈그림 3〉에서 보는 바와 같이, 중국소비자들은 불확실성 회피 성향에 관계없이 대체적으로 외국 브랜드를 더 선호하는 가운데, 불확실성 회피 성향이 높은 소비자들은 불확실성 회피 성향이 낮은 소비자들보다 브랜드 파워가 높은 외국 브랜드를 더 호의적으로 평가하는 것으로

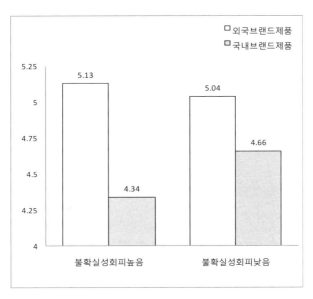

<그림 3> 불확실성 회피 특성에 따른 브랜드 태도

나타났다. 즉 불확실성 회피 성향이 높은 소비자들은 브랜드 파워가 높은 외국 브랜드 및 유명 브랜드의 제품을 더 선호하는 브랜드 태도를 알 수 있다. 이런 결과를 통해 볼 때 가설 4는 지지되었다.

한편 불확실성 회피 성향이 낮은 소비자들은 불확실성 회피 성향이 높은 소비자들에 비해 브랜드 파워에 상관없이 국내 브랜드를 높게 평가하는 것을 알 수 있다. 이는 불확실성 회피 성향이 높은 소비자들은 브랜드 파워에 따라 소비자 행동에 영향을 받지만, 불확실성 회피 성향이 낮은 소비자들은 브랜드 파워 이외에 가격, 원산지 등과 같은 다른 속성에 의하여 제품에 대한 구매태도를 갖는 것으로 볼 수 있겠다.

5. 결론 및 논의

1) 연구결과 및 시사점

지금까지 본 실증 연구는 문화적 특성이 중국소비자의 브랜드 태도에 영향을 미치고, 중국 지역별로 문화특성 차이가 존재하고 있음을 파악하였다. 또한 중국 주요지역별 소비자들의 문화적 특성인 개인/집단주의와 불확실성 회피 성향에 따라 브랜드 태도가 다름을 알 수 있었다. 이에 본 연구에서 수행된 실증 분석 결과를 종합해 보면서 그 결과에 대한 요약 및 시사점을 제시한다.

먼저, 문화특성들 가운데 개인/집단주의적 변수와 불확실성 회피 문화 변수가 중국소비자들의 국내외 브랜드 평가에 통계적으로 유의미한 영향을 미치는 공통적인 변수로 나타났다. 둘째, 중국 주요지역 간에는 문화적 특성 차이가 나타났다. 특히 개인/집단주의의 문화특성을 보면 베이징이 집단주의 문화특성이 제일 높고, 그 다음은 상하이, 광저우 순으로 나타났다. 셋째, 불확실성 회피 문화특성을 보면 베이징이 불확실성 회피 문화특성이 높고, 그 다음은 상하이며, 광저우 지역이 제일 낮게 나타났다. 이를 요약하면, 베이징이 상하이나 광저우 지역보다 집단주의 문화, 불확실성 회피 문화가 높다는 것을 알 수 있다. 반면, 상하이와 광저우는 개인주의 문화 성향이 높고, 불확실성 회피 문화 성향이 베이징보다 낮은 것을 알 수 있다. 이런 결과는 중국은 지역 간에 문화적 차이가 존재한다(백권호·안종석 2004; Child and Swewart 1997; Cui and Liu 2001; Swanson 1998)는 연구결과와 일치한다.

넷째, 중국소비자들은 지역별 문화특성에 따라 브랜드 태도가 다르게 나타나는 것을 알 수 있다. 즉 지역별로 불확실성 회피 성향이 높고, 집단주의가 높은 지역일수록 불확실성 회피가 낮고 개인주의 성향이 있는 지역보다 브랜드 파워가 있는 외국 브랜드를 더 높게 평가하는 것을 알 수 있다.

그러므로 중국 시장에서는 개인주의 문화가 높은 지역의 소비자들보다 개인주의 문화가 낮은 지역의 소비자들(집단주의 소비자들)이 본 연구에서 사용되었던 자동차 제품과 같은 내구재 및 전문품에 대해서는 브랜드 파워가 강한 유명 브랜드와 외국 브랜드를 더욱 선호하는 태도를 보인다고 볼 수 있겠다.

이와 관련하여 자동차 분야의 경우에는 자동차의 외관과 기능, 마케팅 능력뿐만 아니라 브랜드의 이미지, 탁월한 혁신적 기술이 중국 본토 브랜드와 비교해서 아직까지 외국 브랜드가 더 낫다고 보기 때문이다. 또한 이는 중국 주요도시 소비자들이 외국 브랜드에 대해 실용적주의적 가치보다는 제품의 상징적 가치, 즉 현대화된 생활, 체면 혹은 지위, 진보적 라이프스타일 등에 의해 구매행위가 나타난다(Zhou and Hui 2003)고 볼 수 있기 때문이다.

또한 본 실증연구 결과를 볼 때, 중국 시장에서는 불확실성 회피 문화가 높은 지역의 소비자들이 불확실성 회피 문화가 낮은 지역의 소비자들보다 내구재, 전문품 등의 기술적이고 기능적인 제품에 대해 더욱 호의적인 구매태도를 보인다고 볼 수 있다. 이는 불확실성 회피가 높은 베이징 지역의 소비자들이 제품을 구매할 때 유명 브랜드를 선호하고 가격에 크게 구애받지 않는 소비문화를 보이고 있으며, 제품을 구매할 때 브랜드에 의존함으로써 권력의 파워나 조직의 계층주의 그리고 집단주의적 소비성향을 나타내는 것으로 볼 있고, 이와 비교해서 불확실성 회피가 낮은 상하이 소비자들은 유명 브랜드를 선호하지만 동시에 제품의 질과 가격 그리고 제품의 기타 속성을 고려하여 제품을 구매하는 소비문화(零點調査 2004)특성이 나타난 것으로 볼 수 있겠다.

그리고 베이징 소비자들의 유명 브랜드에 대한 선호는 기본적으로 중국 정치, 문화의 중심지인 수도 시민으로서의 자긍심과 우월감에서 출발하는 것으로서 전통적인 정치 질서와 관료제도 속에서 익숙해진 귀족적인 등급의식이 상품 구매에 있어서도 중요한 심리적 동기로 작용한 것으로 볼 수 있다. 이에 비해 상하이 소비자들은 대단히 계산적이고 치밀하기 때문에 품위 및 체면적인 만족도 중요하지만 재정적인 문제 또한 놓질 수 없다는 것으로서 볼 수 있고, 이는 어떤 일을 행함에 있어서 자신의 권익이나 개인적 이익을 극대화하는 것을 미덕으로 삼는 상하이 소비자들의 품성이 소비문화의 차원에서 구현된 것(홍준형·김용준 2006)으로 볼 수 있겠다.

지금까지의 연구결과로 볼 때, 본 연구는 Hofstede의 문화적 특성 변수를 중국 베이징, 상하이, 광저우의 소비자 행동에 적용하여 중국 주요지역별 소비자의 개인/집단주의와 불확실성 회피 문화특성의 차이점을 도출하고 중국 주요지역 소비자의 브랜드 태도가 어떻게 나타나는지를 실증 분석하여 시사점을 제공한 것이 의의가 있다고 본다.

특히 본 연구는 한국 제품의 중국 진입에 있어서 지역에 따라 집단주의 성향이 높고 불확실성 회피가 높은 지역에서 브랜드 선호 성향이 높고, 개인주의 성향이 높은 곳은 이와 상반되는 경향이 나타난다는 시사점을 얻어낸 것이 의의가 있다고 본다. 이를 바탕으로 향후 한국기업이 중국시장에 진출할 경우, 불확실성 회피 문화가 강한 지역과 집단주의 성향이 높은 지역으로 혁신적인 신제품을 진출시킬 때는 제품에 대한 소비자의 편익과 더불어 브랜드 자산 가치를 제고시켜 전략적으로 신중하게 접근할 필요가 있다는 시사점을 적용할 수 있겠다. 또한 본 실증 연구는 차후 광범위한 중국내수시장에 진출할 때 지역별로 서로 다른 문화특성을 고려한 시장세분화 전략과 브랜드 마케팅 전략에 필요한 가이드라인으로 활용할 수 있겠다.

2) 연구의 한계 및 향후 연구방향

그러나 본 연구는 다음과 같은 한계점을 지지고 있으므로 향후 이러한 한계점을 보완하여 추가적인 미래연구가 필요하다고 본다.

첫째, 본 연구에서는 문화특성을 측정하는 변수로 장기지향성, 권력거리, 개인/집단주의 그리고 불확실성 회피 등 4가지를 사용하였는데 차후에는 더 많은 문화적인 변수와 소비자욕구, 원산지이미지, 브랜드이미지 등 다양한 요인들을 변수로 고려하여 중국 지역적인 문화차이를 폭넓게 규명할 필요가 있다고 본다.

또한 본 연구는 Hofstede의 문화특성 변수를 이용하여 중국 주요지역 소비자 간의 문화적 특성차이와 브랜드 태도를 측정하였지만 문화의 다차원적인 구조로 인해서 Hofstede의 문화측정 변수로만 문화를 측정하기에는 다소 무리가 있을 수 있겠다. 따라서 향후 연구에서는 문화의 다른 척도를 객관적으로 이용하고 각 변수의 측정방법과 응답원을 달리해 봄으로 동일방법편의(common method bias)를 최소화하는 노력이 필요하다고 본다.

둘째, 본 연구는 중국 지역적인 문화특성과 브랜드 파워가 소비자의 구매의도에 미치는 효과를 파악함에 있어서 자동차 제품만을 가지고 실증 분석 하였다. 보통 자동차는 고관여 제품에 속하는 특성이 있기 때문에 만약 관여도가 낮은 제품에 대해 실증 분석해도 동일한 연구결과가 나올 수 있을지에 대한 의문이 있겠다.

따라서 향후 연구에서는 관여도를 고려하고 제품을 더욱 확장하여 연구할 필요가 있겠다. 이는 제품의 종류 및 제품의 특성 그리고 관여도에 따라 국내 브랜드와 외국 브랜드를 선호하는 것이 다를 수 있기 때문이다. 보통 중국시장에서는 가구·의약품·가전·미용헤어·의류·신발류 등에 대해서는 많은 소비자들이 중국 브랜드를 더 선호한다. 반면 제품성능과 디자인 등이 중요시되는 자동차, 소비 전자류제품에 대해서는 외국 브랜드를 더 선호하는 경향이 있지만, 점차적으로 중국의 기술이 발전함에 따라 국내외 브랜드가 대등한 비율을 보이거나 국내 브랜드를 선호하는 경향이 증가될 수 있기 때문이다.

마지막으로, 향후 한국기업들이 중국내수시장을 공략을 할 때, 중국 지역별 소비자를 대상으로 각 지역의 문화특성이 서로 다르다는 것을 파악하고 무엇보다도 중국의 지역정체성 및 문화특성을 잘 파악하여 내수시장을 공략하는 것이 기업의 부가가치를 창출하는데 도움이 된다고 보고 이에 대한 심층 깊은 미래 연구가 더욱 필요하다고 본다.

‖ 참고 문헌 ‖

[논문 및 단행본]

김용준 · 김주원 · 문철주, 「중국 주요지역별 국가이미지와 지역이미지가 제품평가에 미치는 영향에 관한 실증연구」, 『국제경영연구』 제18권 2호, 2007.

김용준 · 권지은 · 박주희 · 이준환, 「중국소비자의 라이프스타일에 관한 실증 연구－북경, 상해, 광주 소비자 비교를 중심으로」, 『마케팅연구』 제22권 제2호, 2007.

김용준 · 김주원 · 문철주, 「중국 주요지역 소비자의 구매패턴 특성에 따른 브랜드 평가에 관한 실증연구」, 『국제경영연구』 제20권 1호, 2009.

백권호 · 안종석, 「중국의 지역 간 문화차이에 관한 실증연구」, 『중국학연구』 제27집, 2004.

서용원, 「산업 및 조직심리학에서의 비교문화연구」, 『한국심리학회』, 1996.

안종석, 「다차원적 속성의 국가 이미지가 제품평가 및 브랜드 태도에 미치는 영향－중국소비자를 중심으로」, 『국제경영연구』 16(2), 2005.

이철, 「비교문화적 소비자 행동연구의 연구모형 및 문헌 분석」, 『경영학 연구』 제24권, 2호, 1995.

오마에겐이치, 『차이나임팩트』, 청림출판사, 2002.

한충민, 「외국 브랜드에 대한 미국소비자의 태도와 구매 의도에 관한 실증적 연구－자동차 브랜드 중심으로」, 『마케팅연구』 제13권 제1호, 1998.

홍준형 · 김용준, 「중국 도시민의 문화적 기억과 소비문화의 지역성－北京, 上海, 廣州를 중심으로」, 『중국학연구』 제36집, 2006.

楊東平, 『城市季風－北京和上海的文化精神』, 上海 : 東方出版社, 1994.

零點調査, 『消費文化差異下的營銷策略』, 世界商業評論, 2004

Akerman, D. and G. Tellis, "Can Culture Affect Prices? A Cross-Cultural Study of Shopping and Retail Price", *Journal of Retailing*, 77(1), 2001.

Aaker, D. A., *Building Strong Brands,* New York : The Free Press, 1996a.

Aaker, D. A, "Measuring Brand Equity Across Products and Markets", *California Management Review* 38(Spring), 1996b.

Aaker, D. A. and K. L. Keller, "Consumer Evaluations of Brand Extensions", *Journal of Marketing*, 54(1), 1990.

Bower, L. Joseph, "Breakthrough Ideas for 2005 : The Velcro Organization", *Harvard Business Review,* 83(2), 2005.

Bello, Daniel C. and Lee D. Dahringers, "The Influence of Country and Product on Retailer Operating Practices : A Cross National Comparison", *International Marketing Review,* 2(2),

1985.

Bhat, S. and S. K. Reddy, "Symbolic and Functional Positioning of Brands", *Journal of Consumer Marketing*, 15(1), 1998.

Boyacigiller, N., Kleinberg, M., Philips, M and S. Sackmann, *Conceptualizing Culture. In B.J.Punnett and O.Shenkar, Handbook for International Management Research*, Cambridge, MS : Blackwell, 1996.

Brouther, Keith D, and L. E. Brouthers, "Perceived Communication Skills and Resultant Trust Perceptions Within the Channel of Distribution", *Journal of the Academy of Marketing Science*, 13(2), 2001.

Child, John, and S. Stewart, "Regional Differences in China and Their Implications for Sino-Foreign Joint Ventures", *Journal of General Management*. 23, 1997.

Cui G. and Q. Liu, "Emerging Market Segments in a Transitional Economy : A Study of Urban Consumers in China", *Journal of International Marketing*, 9(1), 2001.

Cutler, Bob D, Altan S. Erdem, and R. G. Javagi, "Advertiser's Relative Reliance on Collectivism-Individualism Appeals : A Cross-Cultural Study", *Journal of International Consumer Marketing*, 9(3), 1997.

Deshpande, Rohit, John U. Farley, and Frederick E. Webster, "Triad Lessons : Generalizing Results on High Performance Firms in Five Business-to-Business Market", *International Journal of Research in Marketing* 17(4), 2000.

Doran, K. Brewer, "Lessons Learned in Cross-Cultural Research of Chinese and North American Consumers", *Journal of Business Research* 55(10), 2002.

Douglas, Susan. p. and B. Dubois, *Looking at the Cultural Environment for International Marketing Opportunities,* Columbia Journal of World Business, Win, 1977.

Dwyer, Sean, Hani Mesak, and H. Maxwell, "An Exploratory of the Influence of National Culture on Cross-National Product Diffusion", *Journal of International Marketing*, 13(2), 2005.

Enright, Michael J., Edith E. Scott and C. Ka-mun, *Regional Powerhouse : The Greater Pearl River Delta and the Rise of China,* John Wiley & Sons(Asia) Pte Ltd., 2005.

Ferraro, P. Gary, *The Cultural Dimension of International Business*, 4th ed. Upper Saddle River, NJ : Prentice Hall, 2002.

Gudykunst, W. B. and S. Ting-Toomey, *Cultural and Interpersonal Communication.* Newbury Park, CA : Sage Publications, 1988.

Jan-Benedict E.M. Steenkamp, F.T. Hofstede, and M. Wedel, "A Cross-National Investigation into the Individual and National Cultural Antecedents of Consumer Innovativeness", *Journal of Marketing*, Vol. 63, 1999.

Hall, Edward T. and M. R. Hall, *Hidden Differences : Doing Business with the Japanese.* New York : Anchor Books/Doubleday, 1987.

Hui, M. K. and L. Zhou, "Linking Product Evaluations and Purchase Intention for Country-of-Origin Effects", *Journal of Global Marketing,* 15(3/4), 2002.

Hofstede, Geert, *Culture's Consequences : International Differences in Work-Related Values,* Beverly Hills, CA : Sage Publications, 1980.

_____, *Culture and Organizations : Software of the Mind.* London : McGraw-Hill, 1991.

_____, "Attitudes, Values and Organizational Culture : Disentangling the Concepts", *Organization studies,* 19(3), 1998.

_____, "Cultures Consequences : Comparing Values Behaviors", *Institutions, and Organizations Across National,* 2d ed. Thousand Oaks, CA : Sage Publications, 2001.

_____ and Michal H. Bond, "The Confucius Connection : From Cultural Roots to Economic Growth", *Organizational Dynamics,* 16(Spring), 1988.

Kale, H. Sudhir, "Grouping Euroconsumers : A Culture-Based Clustering Approach", *Journal of International Marketing,* 3(3), 1995.

Keller, K. L., "Conceptualizing, Measuring, and Managing Customer-Based Brand Equity", *Journal of Marketing,* 57(1), 1993.

Laroche, Michel, V.H. Kirpalani, Frank Pons, and L. Zhou, "A Model of Advertising Standardization in Multinational Corporations", *Journal of international Business Studies,* 32(2), 2001.

Leclerc, F., B. Schmitt, and L. Dube, "Foreign Branding and Its Effects on Product Perception and Attitudes", *Journal of Marketing Research,* 23(1), 1994.

Li, D. and A. Gallup, "In Search of the Chinese Consumer", *The China Business Review,* September-October, 1995.

Lin, C. H. and D. T. Kao, "The Impacts of Country-of-Origin on Brand Equity", *Journal of American Academy of Business,* 5(1/2), 2004.

Mackenzie, S. B. and R. J. Lutz, "An Empirical Examination of the Structual Antecedents of Attitude Toward the Ad in an Advertising Protesting Context", *Journal of Marketing,* 53(4), 1989.

Money, Bruce R., Mary C. Gilly, and J. L. Graham, "Explorations of National Culture and Word-of-Mouth Referral Behavior in the Purchase of Industrial Services in the United States and Japan", *Journal of Marketing,* 62(October), 1998.

Nakata, Cheryl and K. Sivakumar, "Instituting the Marketing Concept in a Multinational Setting : The Role of National Culture", *Journal of the Academy of Marketing Science,* 29(3), 2001.

Piron, F., "Consumers' Perceptions of the Country-of-Origin Effect on Purchasing Intentions of Conspicuous Products", *The Journal of Consumer Marketing,* 17(4), 2000.

Quelch, John and Lisa R. Klein, "The Internet and International Marketing", *Sloan Management Review,* 37(3), 1996.

Rogers, M. Everett, *Diffusion of Innovation,* 3d ed., New York : The Free Press, 1983.

Rokeach, M., *The Nature of Human Values,* Free Press : New York, 1973.

Roth, S. Martin, "The Effects of Culture and Socioeconomics on the Performance of Global Brand Image Strategies", *Journal of Marketing Research*, 32(May), 1995.

Salter, Stephen B. and F. Niswander, "Cultural Influence on the Development of Accounting Systems Internationally : A Test of Gray's Theory", *Journal of International Business Studies,* 26(2), 1995.

Schneider, S. and A. DeMeyer, "Interpreting and Responding to Strategic Issues : The Impact of National Culture", *Strategic Management Journal,* 12, 1991.

Schwartz, S. H., "A Theory of Cultural Values and Some Implications for Work", Applied Psychology : *An International Review,* 48(1), 1999.

Shenkar, Oded, "Cultural Distance Revisited : Towards a More Rigorous Conceptualization and Measurement of Cultural Differences", *Journal of International Business Studies,* 32(3), 2001.

Salk, Janes E. and Y. Brannen, "National Culture, Networks, and Individual Influence in a Multinational Management Team", *Academy of Management Journal,* 43(2), 2000.

Sommers, Montrose and J. Kernan, "Why Products Flourish Here, Fizzle There", *Columbia Journal of World Business,* 11(2), 1967.

Takada, Hirokazu and J. Dipak, "Cross-National Analysis of Diffusion of Consumer Durable Goods in Pacific Rim Countries", *Journal of Marketing,* 55(April), 1991.

Swanson. L.A., "Market segmentation in the People's Republic of China", *Journal of Segmentation in Marketing,* 2(2), 1998.

Teas, R. K. and S. Agarwal, "The Effects of Extrinsic Product Cues on Consumers' Perceptions of Quality, Sacrifies and Value", *Academy of Marketing Science Journal,* 28(2), 2000.

Tellefsen, Thomas and H. Takata, "The Relationship Between Mass Media Availability and the Multicountry Diffusion of Customer Products", *Journal of International Marketing,* 7(1), 1999.

Tellis, Gerard J., Stefan Stremersch and E. Yin, "The International Takeoff of New Products : The Role of Economics, Culture, and Country Innovativeness", *Marketing Science,* 19(4), 2003.

Veryzer, Robert W., Jr., "Key Factors Affecting Customer Evaluation of Discontinuous New Products", *Journal of Product Innovation Manage ment,* 15(2), 1998.

Wang, C. L. and Z. X. Chen, "The Influence of Hedonic Values on Consumer Behavior : *Journal of Consumer Marketing,* 21(4), 2000.

Yagci, M. L., "Evaluating the Effects of Country-of-Origin and Consumer Ethnocentrism : A Case of a Transplant Product", *Journal of International Consumer Marketing,* 13(3), 2001.

Yan, R., "To Reach China's Consumers, Adapt to GuoQing", *Harvard Business Review,* 72(September-October), 1994.

Yau, O. H. M., "Chinese Cultural Values : Their Dimensions and Marketing Implications", *European Journal of Marketing,* 22(5), 1989.

초출

이 저서에 수록된 글들의 출처는 다음과 같음.

1. 송성욱, 「문화 콘텐츠 창작 소재와 문화 원형」, 『인문콘텐츠 6』, 2005.
   송성욱·구본기, 「고전문학과 문화 콘텐츠의 연계방안 사례발표-조선시대 대하소설을 통한 시나리오 창작소재 및 시각자료 개발」, 『고전문학연구』 25, 2004.
2. 이동은, 「데이터베이스를 활용한 디지털 애니메이션 제작 방법 비교 분석」, 『멀티미디어학회논문지』 11, 2008.
3. 이동은, 「게임과 영화의 스토리텔링 융합 요소에 대한 연구」, 『한국디지털콘텐츠학회논문지』 8, 2007.
4. 윤혜영, 「디지털 게임 모드하기의 문화적 의미 고찰」, 『인문콘텐츠』 20, 2016.
5. 윤혜영, 「퍼즐 게임 플레이에 나타난 엔트로피 감소의 시뮬레이션」, 『한국게임학회논문지』 13-5, 2013.
6. 김창회·신동훈, 「전주 향교, 호랑이 출몰에 대비하다-조선 초기 전주부를 찾아서」, 『내일을여는역사』 66, 2017.
7. 김창회·신동훈, 「안렴사를 울린 감동 대작, 경포를 수놓은 뮤지컬-조선 초기 강릉대도호부를 찾아서」, 『내일을여는역사』 67, 2017.
8. 김주원, 「중국소비자의 문화적 특성 차이와 브랜드 태도」, 『국제지역연구』 16-3, 2012.

필자 소개

송성욱 가톨릭대학교 국어국문학전공 교수
서울대학교 국어국문학과 및 동대학원 문학박사 (고전문학 전공)
논저 : 「디지털 기술과 한국고전소설 연구」, 『조선시대 대하소설의 서사문법과 창작의식』 외 다수

이동은 가톨릭대학교 미디어기술콘텐츠학과 교수
이화여자대학교 국어국문학과 및 동대학원 디지털미디어학부 문학박사 (영상미디어 전공)
논저 : 「메타 이야기적 상상력과 캐릭터 중심 스토리텔링 모델」, 『게임, 신화를 품다』 외 다수

윤혜영 가톨릭대학교 글로컬문화스토리텔링전공 교수
이화여자대학교 융합콘텐츠학과 문학박사 (영상미디어 전공)
논저 : 『디지털 게임의 모드』, 『트랜스미디어 스토리텔링의 이해』 외 다수

김주원 가톨릭대학교 글로벌인문경영연구소 책임연구원
성균관대학교 경영학과 경영학박사 (경영학 전공)
논저 : 「중국의 협상문화와 협상전략」, 「중국 요우커의 쇼핑 가치와 소비행동에 관한 연구」 외 다수

신동훈 가톨릭대학교 글로컬문화스토리텔링연구소 선임연구원
가톨릭대학교 국사학과 박사수료 (한국근세사 전공)
논저 : 「16세기 서원(書院) 사액(賜額)과 국가의 서원 정책」, 「조선 초기 사학(四學)의 성립과 '개성 학당(開城 學堂)'」 외 다수

김창회 가톨릭대학교 국사학과 강사
가톨릭대학교 국사학과 박사수료 (한국근세사 전공)
논저 : 「태조~세종대 호등제의 변천과 공물 분정」 외 다수